Gotthard Breit, Siegfried Frech

Politik durchschauen

Wie man sich erfolgreich Durchblick verschafft

Ein Schülertaschenbuch

Bibliografische Information der Deutschen Bibliothek
Die Deutsche Bibliothek verzeichnet diese Publikation in der Deutschen Nationalbibliografie; detaillierte bibliografische Daten sind im Internet über http://dnb.ddb.de abrufbar.

www.wochenschau-verlag.de

Titelgestaltung: Ohl Design
Titelbild: Wochenschau Verlag
Gesamtherstellung: Wochenschau Verlag
Gedruckt auf chlorfreiem Papier
ISBN 978-3-89974495-8

Inhalt

1

Schlüsselbegriffe und Schlüsselfragen

Einführung

Was dieses Handbuch soll

Das Buch will Wissen vermitteln und Fähigkeiten einüben. Es verdeutlicht am Beispiel eines politischen Problems:

- die Kerninhalte von Politik
- die Institutionen der Europäischen Union (EU)
- die Folgen der Klimaerwärmung und Maßnahmen der Klimapolitik
- die Auseinandersetzung um die Minderung des CO_2-Ausstoßes.

Es führt vor, wie man Politik anhand von Zeitungstexten analysieren und beurteilen kann. Außerdem zeigt es Handlungsmöglichkeiten für die politische Beteiligung auf.

Die Zielsetzungen des Buches im Überblick

Wissen vermitteln über	Fähigkeiten einüben zur	Fähigkeiten anwenden
◉ Politik allgemein ◉ die Europäische Union (EU) ◉ Klimawandel/ Klimapolitik	◉ politischen Analyse ◉ politischen Urteilsbildung ◉ politischen Beteiligung	◉ bei der Analyse eines politischen Vorgangs ◉ bei der Beurteilung eines politischen Vorgangs ◉ beim Nachdenken über eigene Handlungsmöglichkeiten

Vor allem aber will das Buch eine Hilfe beim alltäglichen Analysieren, Beurteilen und Handeln sein. Wer einen (Zeitungs-)Text über einen politischen Vorgang liest, der soll durch das Handbuch unterstützt werden.

Im Mittelpunkt dieses Buches stehen Fragen. Sie sind die Schlüssel, die Ihnen den Zugang zur Politik aufschließen und Ihnen das politische Analysieren, Urteilen und Handeln erleichtern sollen. Hinter den Fragen stehen Schlüsselbegriffe (Kategorien) der Politik. Mit diesen Kategorien können Sie zum Kern der Politik vorstoßen. Dabei können Sie entdecken, dass Politik wichtig ist und spannend sein kann. Die Fragen entlasten nicht vom selbstständigen Denken, denn die Antworten müssen Sie selbst suchen. So gelangen Sie mit Hilfe der Fragen zu Ihrer eigenen Analyse und Beurteilung eines politischen Vorgangs. Von hier aus entwickeln Sie dann für sich, unabhängig von anderen, politische Beteiligungsmöglichkeiten.

Die Vielzahl der Fragen kann abschreckend wirken. Daher soll gleich zu Beginn vor zwei Missverständnissen gewarnt werden:

- Die Fragen stellen ein Angebot dar, aus dem Sie auswählen können. Niemand soll sich verpflichtet fühlen, alle Fragen vollständig abzuarbeiten. Wenn Sie nur eine Frage zur eigenständigen Beschäftigung mit Politik auswählen, dann haben sich die Mühen der Lektüre bereits gelohnt.

- Der Fragenkatalog ist trotz der Fülle keineswegs vollständig. Wenn Sie beim Benutzen des Handbuches zum Formulieren eigener Fragen angeregt werden, dann stellt dies das beste Ergebnis Ihrer Arbeit mit dem Handbuch dar.

Um die Anwendung der Fragen zu erleichtern, werden im ersten Teil des Buches zunächst die Schlüsselbegriffe und Schlüsselfragen aufgelistet und kurz kommentiert. Im zweiten Teil demonstrieren wir ihre Anwendung bei der Beschäftigung mit einem – beispielhaft ausgewählten – politischen Vorgang. Zur Untersuchung, Urteilsbildung und Handlungsorientierung werden einzelne Fragen – mitunter in abgewandelter Form – ausgewählt. Dieses Vorgehen soll Sie ermuntern, selbst mit dem Fragenangebot großzügig und souverän umzugehen. Die Fragen sind ein Angebot und kein Zwangskorsett; sie wollen helfen und nicht Druck ausüben.

Im dritten Teil des Buches sprechen wir kurz Techniken an, die die Arbeit mit Zeitungstexten erleichtern. Schließlich werden die Schlüsselfragen auf den Umschlagseiten noch einmal zusammengefasst. Bei der Auseinandersetzung mit neuen politischen Vorgängen oder Problemen können Sie diesen Überblick rasch zu Rate ziehen.

Warum Politik wichtig und spannend ist

Für viele Bürgerinnen und Bürger ist Politik ein Bereich, zu dem sie nur schwer Zugang finden und der ihnen daher weitgehend verschlossen bleibt. In der Politik sind Akteure am Werk, deren Namen bekannt sind und deren Gesichter man aus dem Fernsehen kennt, ebenso wie manche Einzelheiten aus ihrem Privatleben. Über ihre Tätigkeit herrschen jedoch nur vage Vorstellungen. Im Grunde weiß man nicht, um was es eigentlich geht.

Das ist in mehrfacher Hinsicht schade:

- Über Politik kann jeder täglich viel erfahren – in den Zeitungen, im Rundfunk und Fernsehen, aber auch durch Gespräche in der Familie, in der Schule und am Arbeitsplatz. Es gibt viele Gelegenheiten, sich über Politik zu informieren.
- Politik ist für jede und jeden von uns wichtig. Alle bekommen es zu spüren, wenn die Steuern erhöht werden oder der Klimaschutz verschlafen wird. Die allermeisten freuen sich darüber, wenn Mauern fallen und Grenzen geöffnet werden, Arbeitsplätze entstehen und zwei verfeindete Völker aufhören, sich gegenseitig zu bekriegen.
- Politik ist spannend, unterhaltsam und voller Überraschungen. Jede Entscheidung, jedes Wahlergebnis kann eine Variante enthalten, die man nicht vorhergesehen hat.
- Schließlich ist die politische Beteiligung mündiger, d.h. selbstständig denkender und handelnder Bürgerinnen und Bürger für den Bestand unserer Demokratie außerordentlich wichtig. Politiker müssen wissen, dass sie kontrolliert werden. Sie haben aber auch einen Anspruch auf ein angemessenes Problem- und Politikverständnis bei ihren Wählerinnen und Wählern. Nur dann werden sie sich für Pro-

blemlösungen entscheiden, die ihnen vernünftig erscheinen, auch wenn sie zunächst wehtun. Bürgerinnen und Bürger, die nicht mitdenken, sondern nur schimpfen, verleiten Politiker dazu, notwendige, aber harte Entscheidungen auf die lange Bank zu schieben. Das bittere Ende für alle kommt bei dieser Praxis bestimmt.

„Die Politik bedeutet ein starkes langsames Bohren von harten Brettern mit Leidenschaft und Augenmaß zugleich. Es ist ja durchaus richtig, und alle geschichtliche Erfahrung bestätigt es, dass man das Mögliche nicht erreichte, wenn nicht immer wieder in der Welt nach dem Unmöglichen gegriffen worden wäre."

Aus: Max Weber-Studienausgabe. Abt. I: Schriften und Reden. Bd. 17: Wissenschaft als Beruf 1917/1919. Politik als Beruf 1919, S. 74

Zeitungstexte – eine wichtige Informationsquelle

„Nichts ist so alt wie die Zeitung von gestern", lautet ein bekannter Satz. Wer das politische Geschehen mitverfolgen, beurteilen, politisch mitreden und mitwirken will, benötigt Informationen. Zeitungstexte sind in gedruckter Form oder online die wichtigste Informationsquelle, mit denen Sie das politische (Tages-)Geschehen analysieren und bewerten können. Politik erschließt sich überhaupt erst durch das Lesen von Nachrichten, Berichten, Kommentaren und Reportagen. Tageszeitungen und Wochenzeitschriften berichten – mit unterschiedlicher Ausführlichkeit, Sachkunde und journalistischer Qualität – über Politik. In Zeitungstexten spiegeln sich in vielschichtiger Weise und jeweils anderer „Beleuchtung" die politischen Ereignisse, Debatten, Probleme, Prozesse, Strukturen und Entscheidungen unserer Zeit wider. Zudem liegen die Erzeugnisse der Tagespresse gedruckt vor – also greifbar und weit weniger flüchtig als Sendungen in Funk und Fernsehen.

Trotz Fernsehen und Internet ist die Tageszeitung für die meisten Bürgerinnen und Bürger eine unverzichtbare Informationsquelle. Bei einer Emnid-Umfrage aus dem Jahr 2007 gaben knapp 80 Prozent der Befragten an, auch in Zukunft zur Tageszeitung greifen zu wollen.

Die Angaben sagen wenig über die Lesegepflogenheiten und die inhaltlichen Vorlieben der Leserinnen und Leser aus. Viele nehmen vom politischen Teil einer Zeitung höchstens die Überschriften zur Kenntnis. Rasch blättern sie zum Sportteil, zum Feuilleton oder zum Anzeigenteil weiter.

Das Lesen zunächst schwierig anmutender Texte kann man mit etwas Geduld und Übung „lernen":

- Wenn Sie die wichtigen Textformen einer Zeitung kennen (➲ Arbeitshinweise 1, S. 101 ff.), im systematischen und kritischen Lesen geübt sind und die wichtigsten Schlüsselbegriffe und Schlüsselfragen beherrschen, ist der Zugang zur Welt der Politik nicht schwer.

- Für den Fall, dass Sie sich als Schülerin bzw. Schüler oder beruflich mit Zeitungstexten beschäftigen (müssen), haben wir für Sie die Techniken des Markierens und Exzerpierens zusammengestellt (➲ Arbeitshinweise 2, S. 105 ff.).
- Kurze Hinweise zur Interpretation von Statistiken, Schaubildern und Karikaturen sollen Ihnen den Umgang mit diesen Datenquellen und Illustrationen erleichtern (➲ Arbeitshinweise 3 und 4, S. 108 ff.).
- Und schließlich will auch der richtige Umgang mit Informationen aus dem Internet „gelernt" sein (➲ Arbeitshinweise 5, S. 118 ff.).

Der erste Zugang:
Einstiegsfragen

Der Einstieg in die Untersuchung eines politischen Vorgangs fällt oft schwer. Drei einfache Fragen erleichtern den Beginn; sie setzen die Analyse in Gang.

Diese Fragen kann man an jeden politischen Vorgang stellen:

- Worum geht es?
- Wer ist daran beteiligt? (Frage nach den Akteuren)
- Welche Interessen verfolgen die Akteure?

Häufig werden diese Fragen bereits im Vorspann einer Nachricht aufgegriffen. Wenn man also weiß, wie eine Zeitungsnachricht oder ein Zeitungsbericht aufgebaut ist (➲ Arbeitshinweise 1, S. 101 ff.), findet man rasch die Antworten und gewinnt somit einen Zugang zu einem politischen Vorgang.

Diese Einstiegsfragen und ihre Antworten vermitteln einen ersten Eindruck. Doch bleiben viele Fragen offen. Wer sich besser informieren möchte, muss weiterfragen.

Politische Analyse I

Die richtigen Fragen können Sie nur stellen, wenn Sie eine Vorstellung darüber besitzen, was Politik ist.

In der Politik geht es im Wesentlichen um drei Dinge:

- um die Bestimmung von Zielen
- um die Lösung von Problemen
- um den Erwerb und den Erhalt von Macht.

Politikbegriff 1: Die drei Dimensionen des Politischen

Politiker möchten Ziele bestimmen und Probleme lösen. Dazu benötigen sie Macht. Das Bemühen um Problemlösung und das Streben nach Macht führen zu Konflikten. Politiker haben Konkurrenten – in der eigenen Partei und in den anderen Parteien. Diese wollen auch Probleme lösen, und zwar auf ihre Art. Daher streben auch sie nach Macht. In der Politik wird also immer um Inhalte und zugleich auch um Macht gestritten. Diese Konflikte werden in einem bestimmten Handlungsrahmen ausgetragen. Er bestimmt die Art und Weise der politischen Auseinandersetzungen.

Bei einem politischen Vorgang kann man daher zwischen drei Dimensionen unterscheiden:

- Dimension *Inhalt* von Politik, d.h. die Aufgaben von Politik (Ziele benennen, Aufgaben in Angriff nehmen, Probleme erkennen und benennen);

- Dimension *Prozess* von Politik, d.h. die Auseinandersetzungen zwischen den politischen Akteuren um die Bewältigung dieser Aufgaben und um den Erhalt bzw. den Erwerb von (der dazu notwendigen) Macht;
- Dimension *Form* von Politik, d.h. dem Handlungsrahmen, in dem diese Konflikte ausgetragen werden. In der Innenpolitik wird der Handlungsrahmen wesentlich von der Verfassung (Grundgesetz) bestimmt.

Will man nun einen politischen Vorgang aufschlüsseln, kann man nach genau diesen drei Dimensionen fragen. Wenn man die Frage nach dem Inhalt von Politik stellt, stößt man zumeist auf bestimmte Probleme, die gelöst werden sollen. Stellt man die Frage nach dem Prozess von Politik, trifft man fast immer auf Auseinandersetzungen. Und fragt man schließlich nach der Form von Politik, erkennt man den Handlungsrahmen, in dem diese Auseinandersetzungen ausgetragen werden.

Eine ganz ähnliche inhaltliche, prozessuale und formale Dimension hat übrigens auch das Geschehen in einer Familie oder in einem Fußballverein. Menschen bewegen sich auch hier innerhalb von Regelungen, die den Handlungsrahmen (Form) festlegen; es gibt – mehr oder weniger – unterschiedliche Interessen und Auseinandersetzungen darüber (Prozess) und es geht schließlich um Aufgaben, Entscheidungen und Problemlösungen (Inhalt).

Die folgenden Schlüsselfragen helfen Ihnen dabei, die drei Dimensionen Inhalt, Prozess und Form des Politischen angemessen zu analysieren und zu verstehen.

Die drei Dimensionen des Politischen

Fragen zur Untersuchung eines politischen Problems (Inhalt)

Schlüsselbegriffe	Schlüsselfragen
Inhalt und Ausmaß	◉ Worum geht es? ◉ Welches Problem soll gelöst werden? ◉ Welches Ausmaß hat das Problem?
Ursache	◉ Welche Ursachen hat das Problem?
Folgen	◉ Welche Folgen zieht das Problem nach sich?
Lösungen	◉ Welche Problemlösungen werden genannt?
Nebenwirkungen	◉ Welche Folgen sind bei einer Problemlösung vorhersehbar? ◉ Welche unerwünschten Nebenwirkungen können eintreten?

Fragen zur Untersuchung einer politischen Auseinandersetzung (Prozess)

Schlüsselbegriffe	Schlüsselfragen
Akteure	◉ Wer ist an der Auseinandersetzung beteiligt?
Interessen	◉ Welche Interessen verfolgen die Akteure? ◉ In wessen Interesse liegt eine bestimmte Problem- bzw. Konfliktlösung?
Macht, Herrschaft, Einfluss	◉ Welche Möglichkeiten besitzen die Akteure, ihre Interessen gegenüber anderen durchzusetzen?
Methoden der Interessendurchsetzung	◉ Welche Methoden wenden die Akteure zur Durchsetzung ihrer Interessen an?
Legitimation	◉ Sind die Akteure zu ihrem Vorgehen berechtigt (legitimiert)? Welche Gründe führen sie zur Rechtfertigung ihres Vorgehens an?
Verlauf	◉ Wie verläuft die Auseinandersetzung? Wer setzt sich durch?

Fragen zur Untersuchung des politischen Handlungsrahmens (Form)

Schlüsselbegriffe	Schlüsselfragen
Institution/Organisation	⦿ Welche Institution bzw. Organisation (z.B. Parteien, Verbände) vertreten die Akteure?
Aufgaben, Funktion	⦿ Welche Aufgaben hat die einzelne Institution/Organisation?
Aufbau	⦿ Wie ist die Institution/ Organisation aufgebaut?
Abhängigkeit, Verflechtung	⦿ Wie hängen die Institutionen/Organisationen voneinander ab? Wie arbeiten sie zusammen?
Kontrolle	⦿ Wer übt Kontrolle aus?
Recht	⦿ Welche rechtlichen Grenzen sind den Akteuren gesetzt?
Rechte und Schutz der Bürgerinnen und Bürger	⦿ Welche Rechte und Beteiligungsmöglichkeiten besitzen die Bürgerinnen und Bürger? ⦿ Welchen Schutz genießen sie?

Politische Analyse II

Politikbegriff 2: Der Politikzyklus

Ähnlich wie die drei Dimensionen des Politischen kann Ihnen auch der Politikzyklus den Zugang zur Politik „aufschließen". Im Politikzyklus wird Politik als eine Kette niemals endender Bemühungen zur Bewältigung von bestehenden und ständig neu entstehenden Problemen verstanden. Diese Kette kann in Zyklen unterteilt werden.

Am Anfang eines jeden Zyklus steht ein Problem. Die nächste Phase bildet die Auseinandersetzung um die Lösung dieses Problems. Die Auseinandersetzung führt zu einer Entscheidung. Diese Entscheidung löst Bewertungen und Reaktionen aus. Aus der Entscheidung und den Reaktionen darauf ergeben sich wiederum Aufgaben und Probleme. Ein neuer Politikzyklus beginnt. Aus ihm entsteht wieder ein Zyklus, der einen weiteren nach sich zieht. Politik erscheint so als permanenter Prozess der Problembewältigung.

Dieser Prozess findet in einem bestimmten Handlungsrahmen statt, der seinerseits auf den Prozess einwirkt.

Politikzyklus	Handlungsrahmen
Problem (Aufgabe, Streitfrage) ⬇ Auseinandersetzung ⬇ Entscheidung ⬇ Reaktionen, Bewertungen ⬇ neues Problem (neue Aufgabe, neue Streitfrage)	Innenpolitik: ◉ Verfassung und Rechtsordnung eines Landes, Institutionen und das Gefüge gegenseitiger Abhängigkeit der Institutionen/Organisationen Außenpolitik: ◉ Das System der internationalen Beziehungen; Völkerrecht

Wie bei den Dimensionen des Politischen können auch im Politikzyklus den einzelnen Phasen Schlüsselbegriffe zugeordnet werden, mit deren Hilfe sich Schlüsselfragen bilden lassen. Schlüsselbegriffe und Fragen zu den Phasen Problem und Auseinandersetzung sowie zum Handlungsrahmen sind Ihnen schon von den drei Dimensionen des Politischen her bekannt.

Fragen zur Untersuchung der Phasen eines Politikzyklus

Phasen	Schlüsselbegriffe	Schlüsselfragen
Problem	Inhalt und Ausmaß	◉ Worum geht es? ◉ Welches Problem soll gelöst werden? ◉ Welches Ausmaß hat das Problem?
⬇	Ursachen	◉ Was sind die Ursachen des Problems?
	Lösungen	◉ Welche Problemlösungen werden genannt?
Auseinandersetzung	Akteure	◉ Wer ist an der Auseinandersetzung beteiligt?
⬇	Interessen	◉ Welche Interessen verfolgen die Akteure?
Entscheidung	Ergebnis, Inhalt	◉ Wie sieht die Entscheidung aus? ◉ Zu welchem Ergebnis hat die Auseinandersetzung geführt? ◉ Welche Lösung wurde gefunden?

Phasen	Schlüsselbegriffe	Schlüsselfragen
↓	Erfolg	• Wer setzt sich durch? • In wessen Interesse liegt die Entscheidung/Problemlösung?
Reaktionen, Bewertungen	Akteure	• Wie reagieren beteiligte bzw. betroffene Akteure auf die Entscheidung? • Wie bewerten sie das Ergebnis?
↓	offen gebliebene Fragen	• Welche Fragen sind offen geblieben?
neues Problem	Inhalt	• Welches neue Problem (oder neue Probleme) entsteht aus der Entscheidung und deren Bewertung?

Hinweis: Um die Fragen übersichtlich und handhabbar zu gestalten, werden hier nur verhältnismäßig wenige Schlüsselbegriffe genannt. Zu den Phasen Problem und Auseinandersetzung können aus dem Dimensionen-Modell zusätzlich Begriffe übernommen werden (➲ S. 18 ff.). Zu den übrigen Phasen lassen sich leicht weitere Schlüsselbegriffe und Schlüsselfragen entwickeln.

Bei einem Politikzyklus dürfen die Fragen nach dem Handlungsrahmen keinesfalls vernachlässigt werden.

Politikzyklus	Handlungsrahmen	Schlüsselfragen
Problem ⬇ Auseinandersetzung ⬇ Entscheidung ⬇ Reaktionen, Bewertungen ⬇ neues Problem	Verfassung und Rechtsordnung eines Landes, System der internationalen Beziehungen	◉ Wie wirkt der Handlungsrahmen auf die einzelnen Phasen ein? ◉ Welche Bestimmungen (der Verfassung, der Rechtsordnung oder des Völkerrechts) und/oder welche Teile des politischen Systems bzw. des Systems der internationalen Beziehungen beeinflussen die einzelnen Phasen?

Politische Urteilsbildung

Das Grundmodell der politischen Urteilsbildung

1. Spontanes Urteil

Häufig urteilt man rasch und emotional aus dem Bauch heraus über Politik und Politiker. Ein Urteil wie *Die Merkel mag ich (nicht)* wird ohne großes Nachdenken rein nach Sympathie oder Antipathie gebildet. Auch der Satz *Die Entscheidung halte ich für gut* spricht sich leicht und unbekümmert aus. Trotz der Ausblendung von Rationalität (Vernünftigkeit) stellen sich spontan gebildete Urteile im Rückblick oftmals als weitblickend und zutreffend heraus. Man macht sich dabei allerdings nicht klar, ob eigene Interessen oder eigene Wertentscheidungen zu einem Urteil geführt haben und wie durch dieses Urteil fremde Interessen berührt werden.

2. Eigenes Interesse als Grundlage der Urteilsbildung

Das Rauchverbot finde ich blöd. Dieses Urteil eines passionierten Kettenrauchers leuchtet ein; ein Rauchverbot widerspricht seinen Interessen. Zur Urteilsbildung kann man also fragen: Bringt die Entscheidung mir Vor- oder Nachteile? Liegt sie in meinem Interesse? Politische Entscheidungen und die dahinter stehenden politischen Akteure (Politiker, Parteien) nach den eigenen Interessen zu beurteilen, erscheint egoistisch, ist aber durchaus gerechtfertigt. In einer Demokratie besitzen die Bürgerinnen und Bürger das Recht und die Freiheit, von ihrer Interessenlage aus Politik zu beurteilen und für die Durchsetzung ihrer Interessen einzutreten.

3. Überprüfung der Vereinbarkeit mit den Grundrechten

Zur Kontrolle von Politik, Politikerinnen und Politikern, aber auch zur Überprüfung des eigenen spontan gebildeten Urteils, der eigenen Interessenwahrnehmung und der eigenen politischen Beteiligung kann zusätzlich nach der Vereinbarkeit mit den Menschen- und Grundrechten im Grundgesetz (Art. 1-19 GG) sowie mit dem Völkerrecht gefragt werden. Es gibt Situationen, in denen viele Bürgerinnen und Bürger insgeheim die Anwendung von Folter befürworten. Ein Kind kann vor dem Tod gerettet werden, wenn man den Täter rechtzeitig zum Sprechen bringt. Ist in dieser Ausnahmesituation die Folter erlaubt? Das Grundgesetz und die Menschenrechte verbieten ein solches Vorgehen. Wer die Folter trotzdem fordert, muss sich bewusst sein, dass er damit gegen das Grundgesetz verstößt.

Das erweiterte Modell der politischen Urteilsbildung

Das erweiterte Modell der politischen Urteilsbildung ist anspruchsvoll. Wer damit Schwierigkeiten hat, dem sei zur Beruhigung gesagt: Die Anwendung des Grundmodells reicht zur politischen Urteilbildung aus.

4. Die Frage nach der Effizienz

Bei der erweiterten Urteilsbildung wird zunächst nach der Effizienz gefragt:

- Erscheinen die eingesetzten Mittel für das angestrebte Ziel sinnvoll und vertretbar? Stimmt also die Ziel-Mittel-Relation?
- Stehen die Kosten in einem vernünftigen Verhältnis zu dem angestrebten Nutzen?

Mit Hilfe dieser Fragen zu urteilen, ist man vom Alltag her gewohnt. Ein Spaghettigericht zum Preis von 30 Euro werden Sie in einem italienischen Restaurant voraussichtlich nur selten bestellen. Der Preis erscheint für die zu erwartende Leistung zu hoch. Auch bei der Beurteilung einer politischen Entscheidung lohnt es sich, nach dem Kosten-Nutzen-Verhältnis bzw. nach der Ziel-Mittel-Relation zu fragen. Ein Atomkraftwerk zu bauen, das ca. vier Milliarden Euro kostet, aber nie ans Netz geht, ist eine politische Fehlentscheidung. Denn die Kosten entsprechen nicht dem dadurch erzielten Nutzen.

5. Kosten-Nutzen-Analyse aus der Sicht der politisch Verantwortlichen

Für das Ziel, den Klimawandel zu verlangsamen, scheint die Verringerung des CO_2-Ausstoßes ein geeignetes Mittel zu sein. Die Kosten

– wie zum Beispiel Gewinneinbrüche bei der Automobilindustrie und der Verlust von Arbeitsplätzen – erscheinen umweltbewussten Bürgerinnen und Bürger angesichts der positiven Auswirkungen für das Klima vertretbar.

Für die von Arbeitslosigkeit betroffenen Arbeitnehmer/innen in den Automobilwerken, aber auch für einen Politiker bzw. eine Politikerin, dessen/deren Wiederwahl vom Rückgang der Arbeitslosigkeit abhängt, sind die Kosten jedoch zu hoch. Für beide Gruppen ist eine Lösung des politischen Problems Klimawandel nur dann von Nutzen, wenn die Kosten für sie persönlich erträglich sind bzw. die Mittel ihnen nicht (zu sehr) schaden.

Wer politisch Verantwortliche beurteilt, sollte versuchen, deren Verhalten immer auch aus ihrer Sicht zu verstehen. Im Gegensatz zu den Bürgerinnen und Bürgern geht es ihnen immer auch um Machterhalt und Machterwerb. Bürgerinnen und Bürger sollten zusätzlich stellvertretend für den Politiker/die Politikerin eine Kosten-Nutzen-Analyse anstellen bzw. die Ziel-Mittel-Relation durchdenken (Ziele: Problemlösung *und* Machterwerb bzw. Machterhalt). So kann ein vorschnelles Urteil vermieden werden, das Politikerinnen und Politikern nicht gerecht wird.

6. Die Frage nach der Legitimität

Wer politische Vorgänge untersucht und beurteilt, erwartet, dass Politik an demokratische Werte gebunden ist. Eine politische Entscheidung soll den eigenen Vorstellungen von Menschenwürde und demokratischen Grundwerten (Leben, Freiheit, Gleichheit/Gerechtigkeit, Solidarität, Frieden) entsprechen. Die Frage nach der Legitimität prüft die Vereinbarkeit politischer Entscheidungen mit demokratischen Grundwerten (➲ 6.1) bzw. fragt nach ihrer Verallgemeinerbarkeit (➲ 6.2).

6.1 Vereinbarkeit mit den demokratischen Grundwerten

Der Fundamentalwert des Grundgesetzes ist die Menschenwürde (Art 1 GG: „Die Würde des Menschen ist unantastbar."). Von ihm leiten sich die demokratischen Grundwerte ab.

- Freiheit als Grundanspruch menschlicher Würde:

Freiheit bildet den Grundanspruch menschlicher Würde. In der Demokratie kann der Mensch sein Leben frei gestalten. Er kann seine Freiheit zur Mehrung von Eigentum, zum Nichtstun, zur Bildung, zur Ausübung seiner Religion oder zur Vertretung seiner Meinung und zur politischen Beteiligung nutzen. Um Freiheit zu leben, bedarf es der Mündigkeit. Man muss den Mut haben, „sich seines Verstandes ohne Leitung eines anderen zu bedienen" (Immanuel Kant). Frei und mündig zu leben setzt Kenntnisse, Fähigkeiten und die Bereitschaft zur Anstrengung des selbstständigen Denkens und Handelns voraus.

- Gleichheit vor dem Gesetz und bei politischer Beteiligung:

In unserem Staat besitzen alle Menschen Würde. Alle Menschen haben Anspruch auf Freiheit. Diese Gleichheit findet ihren Ausdruck zum einen in der Gleichheit vor dem Gesetz. Zum anderen herrscht Gleichheit bei der politischen Beteiligung. Die Besitzverhältnisse sind jedoch ungleich. Hier Gleichheit durchzusetzen, würde eine unerträgliche Eingrenzung der Freiheit bedeuten.

- Solidarität als Reaktion auf soziale Ungleichheit:

Die durch die Geltung von Freiheit und Gleichheit entstehende soziale Ungleichheit kann dazu führen, dass Menschen – verschuldet oder unverschuldet – in Armut und menschenunwürdigen Verhältnissen leben. Um auch diesen Menschen ein Leben in Würde zu ermöglichen, ist Solidarität notwendig.

- Leben und Frieden als Voraussetzung zur Verwirklichung demokratischer Grundwerte:

Ohne Leben kann es die Grundwerte Freiheit, Gleichheit und Solidarität nicht geben. Das klingt zunächst banal und selbstverständlich. Im 20. Jahrhundert und gegenwärtig in der Welt aber wurde und wird dieser Wert in unvorstellbarer Weise missachtet und mit Füßen getreten. Eine Voraussetzung für den Schutz des Lebens und der übrigen Grundwerte bildet der Frieden. Nur im Frieden können sich die Grundwerte im Zusammenleben der Menschen entfalten. Grundwerte bedingen einander und schränken sich gegenseitig ein. Nur zusammen begründen sie die Würde des Menschen. Dominiert ein Wert über die anderen, dann ist die Menschenwürde gefährdet. Freiheit ohne Gleichheit (vor dem Gesetz) führt zu einem Leben ohne Sicherheit in Angst. Eine Dominanz der Gleichheit kann nur durch Unterdrückung der Freiheit herbeigeführt werden. Freiheit und Gleichheit ohne Solidarität vernachlässigt die Menschenwürde der weniger Erfolgreichen.

Demokratische Grundwerte	Werte, die demokratischen Grundwerten zugeordnet werden können
Leben und Frieden	Gewaltlosigkeit, Schutz der natürlichen Lebensgrundlagen
Freiheit	Freie Entfaltung der eigenen Persönlichkeit
Gleichheit/ Gerechtigkeit	Möglichkeit zur politischen Beteiligung (Partizipation), Gleichheit vor dem Gesetz
Solidarität	Sozialer Ausgleich, soziale Gerechtigkeit, soziale Sicherheit (Versorgung, Fürsorge)

6.2 Verallgemeinerbarkeit

Zur Prüfung der Legitimität politischen Handelns kann man sich auch fragen, ob man eine Entscheidung selbst anstelle der davon Betroffenen für annehmbar hält oder nicht (Frage nach der Verallgemeinerbarkeit). Spontan wertbezogen zu urteilen fällt leicht. Man sieht zum Beispiel nur den „Schutz der natürlichen Lebensgrundlagen“ (Art. 20a GG) und setzt sich daher ohne langes Nachdenken für die Reduzierung des CO_2-Ausstoßes ein. Wer aber die Auswirkungen der gesetzlich vorgeschriebenen Minderung des CO_2-Ausstoßes aus der Sicht der von Entlassung bedrohten Arbeitnehmerinnen und Arbeitnehmer sieht, dem fällt ein Urteil schwer. Er muss sich fragen, ob er an deren Stelle auch die Minderung des CO_2-Ausstoßes befürworten würde.

7. Beurteilung der vorhersehbaren Folgen

Schließlich sollten auch die vorhersehbaren Folgen einer Entscheidung und deren Verantwortbarkeit in die Beurteilung mit einbezogen werden. Bei der verbreiteten Neigung, politisches Handeln allein nach den Zielen wertorientiert zu beurteilen (Gesinnungsethik), erscheint es ratsam, eigens nach den vorhersehbaren Folgen einer Entscheidung und deren Verantwortbarkeit zu fragen (Verantwortungsethik).

Die Frage nach den vorhersehbaren Folgen verknüpft die beiden Urteilskriterien Legitimität und Effizienz. Ausschließlich nach Zielen und Werten zu urteilen und dabei die Kosten/Mittel sowie die voraussehbaren Folgen außer Acht zu lassen, ist ebenso unangebracht wie die Vernachlässigung der Wertebindung. Zweck- und Wertrationalität ergänzen sich gegenseitig.

Gesinnung ist laut Max Weber das subjektive Wissen und Wollen des Einzelnen, der sich dem Anspruch des Guten ausgesetzt weiß, unabhängig davon, ob es in der Wirklichkeit zum Erfolg führt. Verantwortungsethik steht nach Max Weber im Gegensatz zu Gesinnungsethik. Verantwortungsethik fordert, nicht einfach hohen Geboten zu folgen, sondern in erster Linie auf die vorhersehbaren Folgen der Handlungen zu achten und für diese auch einzustehen.

8. Feststellung eines Gesamturteils

Die Ergebnisse der einzelnen Urteilsschritte fallen oft unterschiedlich aus. Um die Urteilsbildung abzuschließen, müssen die Teilergebnisse miteinander verglichen, gegeneinander abgewogen und schließlich zu einem Gesamturteil zusammengefasst werden. Bei dem so gefundenen Ergebnis kann ein Urteilsschritt dominieren. Wer zum Beispiel ein Vermögen von mehreren Millionen Euro besitzt, wird voraussichtlich die Einführung einer Vermögenssteuer ablehnen, auch wenn er bei den meisten anderen Urteilsüberlegungen zu einer Zustimmung gelangt. Die eigene Interessenlage besitzt bei ihm Vorrang; sie gibt den Ausschlag dafür, die Vermögenssteuer abzulehnen.

Das Urteilen geht dem eigenen politischen Handeln voraus. Je gründlicher bei der Urteilsbildung vorgegangen wird, desto überlegter und angemessener fällt die politische Beteiligung aus. Urteilsfähigkeit gehört zu den Merkmalen der Bürgerrolle in der Demokratie.

Fragen zur politischen Urteilsbildung

Grundmodell der politischen Urteilsbildung	
spontanes Urteil	◉ Wie beurteile ich eine politische Entscheidung bzw. einen dafür verantwortlichen Politiker/eine dafür verantwortliche Politikerin spontan „aus dem Bauch heraus"?
eigenes Interesse	◉ Entspricht die politische Entscheidung meinem persönlichen Interesse? ◉ Handelt der Politiker/die Politikerin im Sinne meiner Interessen?
Überprüfung des Urteils	◉ Ist mein Urteil mit den Menschen- und Bürgerrechten des Grundgesetzes bzw. mit dem Völkerrecht vereinbar?

Erweitertes Modell der politischen Urteilsbildung	
Effizienz	◉ Ist die Problemlösung geeignet, um das angestrebte Ziel zu erreichen? ◉ Rechtfertigt das Ziel die angewandten Mittel? Stehen die Kosten in einem vertretbaren Verhältnis zum angestrebten Nutzen?
Legitimität	◉ Entspricht die Entscheidung bzw. das Verhalten des Politikers den Werten, die mir wichtig sind?

Erweitertes Modell der politischen Urteilsbildung	
a) Orientierung an Werten	◉ Wird Gewalt vermieden? ◉ Dient die Entscheidung dem Schutz der natürlichen Lebensgrundlagen? ◉ Wird meine freie Entfaltungsmöglichkeit bewahrt oder eingeschränkt? ◉ Ist der Entscheidungsprozess für die Öffentlichkeit zugänglich und kontrollierbar? ◉ Werden alle vor dem Gesetz/vor Gericht gleich behandelt oder werden einige bevorzugt? ◉ Besitzen alle Bürgerinnen und Bürger die gleiche Möglichkeit zur politischen Beteiligung? ◉ Dient die Entscheidung der sozialen Gerechtigkeit und der sozialen Sicherheit?
b) Orientierung am Prinzip der Verallgemeinerbarkeit	◉ Würde ich auch als Betroffener der Entscheidung zustimmen können?
Verantwortbarkeit der vorhersehbaren Folgen	◉ Sind die vorhersehbaren Folgen einer Entscheidung verantwortbar? ◉ Werden bei der Entscheidung die Wertebindung und die voraussehbaren Folgen beachtet?
Feststellung des Gesamturteils	◉ Zu welchem Gesamturteil gelange ich, wenn ich alle Teilurteile gegeneinander abwäge und zusammenfasse?

Politische Beteiligung

Zur Bürgerrolle in einer Demokratie gehören mehrere Aufgaben. Zunächst soll jede bzw. jeder Einzelne selbstständig und für sich selbst verantwortlich sein, Mitmenschen als gleichberechtigt anerkennen und sich sozial verhalten sowie etwas für die Umwelt tun. So kann jeder Einzelne die Menschenwürde im Alltag beim Zusammenleben mit anderen achten und schützen.

„Demokratie leben" und politische Beteiligung hängen miteinander zusammen. Wer gelernt hat, Vorgänge oder die Mitmenschen in seiner Umgebung bewusst wahrzunehmen, wer Maßstäbe besitzt, mit denen er sein eigenes Verhalten und das seiner Mitbürger beurteilen kann, wer sich angewöhnt hat, nicht alle Ereignisse passiv hinzunehmen, sondern Fragen zu stellen und auf Veränderungen hinzuwirken, der wird sich auch an der Politik beteiligen. Dazu ist die Fähigkeit zur Analyse von politischen Vorgängen, zur Urteilsbildung und zum politischen Handeln notwendig.

Die politischen Beteiligungsmöglichkeiten, die den Bürgerinnen und Bürgern offenstehen, nehmen sich auf den ersten Blick gering aus. In einer repräsentativen Demokratie üben die gewählten Volksvertreter für die Bürger Politik aus. Die Normalbürger können sich in der Hauptsache darauf beschränken, Politik mit Verständnis und Kritik zu begleiten, auf diese Weise die politisch Verantwortlichen zu kontrollieren und sie bei der nächsten Wahl zu bestätigen oder abzuwählen.

Wer politisch handeln will, kann seine eigene Meinung im Gespräch mit anderen vertreten, an die Öffentlichkeit gehen (Unterschriftenaktion), sich organisieren (Bürgerinitiative, Verband, Partei) und politisch aktiv werden (Mitarbeit in einer Initiative, in einem Verband oder einer Partei). Man kann sich auch zum bürgerlichen Ungehorsam bereit finden und Anordnungen aus Protest nicht befolgen oder gewaltlosen Widerstand leisten (z.B. durch Beteiligung an einer Sitzblockade). Dagegen werden Polizei und Justiz vorgehen. Jeder sollte sorgfältig prüfen, ob das Anliegen, für das er sich bei dieser Beteiligungsform entscheidet, den Preis der Bestrafung und deren Folgen wert ist.

Die Anwendung von Gewalt stellt keine demokratische Beteiligungsmöglichkeit dar und ist in jedem Fall abzulehnen. Für Demokraten ist Gewalt kein Mittel der politischen Auseinandersetzung.

Die da oben in Berlin machen ja doch was sie wollen! Wir hier unten können ohnehin nichts machen! Mit diesen Aussagen rechtfertigt so mancher seine fehlende politische Beteiligung. Die Demokratie ist aber auf Bürgerinnen und Bürger angewiesen, die sich demokratisch (selbstständig, sozial- und umweltverträglich) verhalten, sich über Politik Gedanken machen und sich an Politik beteiligen.

Ohne eine große Anzahl von Menschen mit dieser Bereitschaft und den dazu notwendigen Fähigkeiten ist der Bestand einer Demokratie gefährdet. Die Weimarer Republik war eine Demokratie mit viel zu wenig Demokraten; sie endete in der nationalsozialistischen Diktatur mit Vernichtungskrieg und Völkermord.

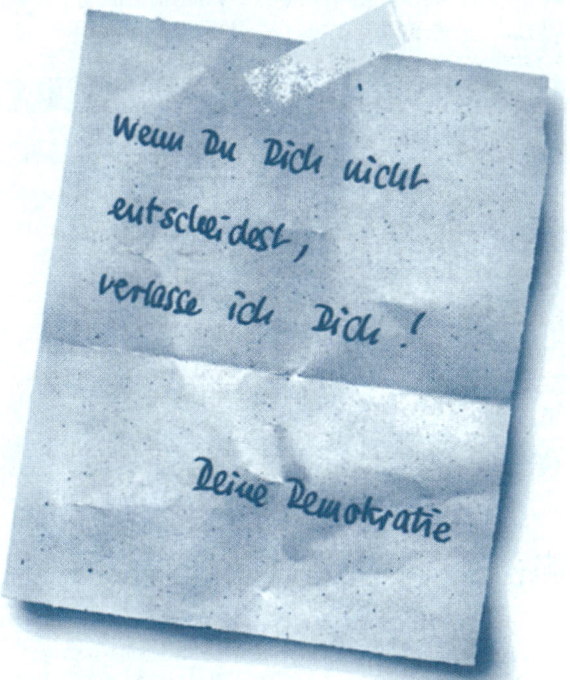
Wenn Du Dich nicht
entscheidest,
verlasse ich Dich!
Deine Demokratie

Politische Beteiligungsmöglichkeiten von Bürgerinnen und Bürgern in einer Demokratie

Sich demokratisch verhalten ...	
selbstständig denken und handeln	◉ nicht Vordenkern folgen, sondern sich „seines eigenen Verstandes bedienen" (Kant); sich eine eigene Meinung bilden; in Diskussionen die eigene Position vertreten, aber auch davon abweichende Meinungen anhören und ernst nehmen; für eigene Interessen eintreten und Konflikte austragen, aber auch Mehrheitsbeschlüsse anerkennen; in der persönlichen Umgebung (Schule, Freizeit) Verantwortung übernehmen (z.B. in der Schülermitverwaltung)
sich sozial verhalten	◉ den anderen wahrnehmen; mit dem anderen gewaltfrei umgehen; den anderen als prinzipiell gleichwertig ansehen; sich dem anderen gegenüber anständig (fair und hilfsbereit) verhalten; sich für den anderen aus Mitgefühl oder Gerechtigkeitsempfinden heraus einsetzen
sich ökologisch verantwortungsvoll verhalten	◉ sich für Umweltfragen interessieren; Umweltprobleme ernst nehmen; „in Verantwortung für die künftigen Generationen die natürlichen Lebensgrundlagen und die Tiere" (Art. 20a GG) schützen

Seine Bürgerrechte wahrnehmen ...	
mit Behörden umgehen	◉ auf Schreiben einer Behörde „aufrecht" reagieren; sich für sein Anliegen bei der Verwaltung Gehör verschaffen; eine Gegendarstellung vorbringen; ggf. eine Dienstaufsichtsbeschwerde abfassen
für sein Recht eintreten	◉ die Möglichkeiten des Rechtsstaates kennenlernen und nutzen; wenn es geboten erscheint, den Rechtsweg beschreiten; das Petitionsrecht bei den Länderparlamenten, dem Bundestag und dem Europäischen Parlament nutzen

Politisch selbstständig denken ...	
sich informieren	⦿ auch den politischen Teil der Zeitung lesen; Nachrichten hören; TV-Nachrichtensendungen ansehen und das Internet nutzen; politische Rundfunk- und Fernsehsendungen verfolgen; Wahlkampfveranstaltungen besuchen; politische Bücher lesen
sich eine eigene Meinung über Politik bilden	⦿ politische Vorgänge interessiert verfolgen; Aussagen, Ankündigungen und Versprechungen mit Skepsis aufnehmen; „Vordenkern“ mit Distanz begegnen; Vorgänge selbstständig analysieren und sich ein eigenes Urteil darüber bilden
eine eigene politische Handlungsorientierung entwickeln	⦿ nach der Bildung eines eigenen politischen Urteils über politische Handlungsmöglichkeiten nachdenken

Politisch aktiv werden ...	
die eigene Meinung sagen	⦿ mit anderen über Politik reden; sich in Versammlungen mit Wortmeldungen, Beifall oder Protest beteiligen; undemokratischen (z.B. rechtsextremen) Argumenten widersprechen
an die Öffentlichkeit gehen	⦿ einen Leserbrief schreiben; eine Wandzeitung/Plakat anfertigen; sich an die Presse wenden
sich organisieren	⦿ sich mit anderen zusammentun, um etwas durchzusetzen; eine Demonstration organisieren; sich an einer Bürgerinitiative beteiligen; Mitglied in einem Verband oder einer Partei werden
politisch aktiv werden	⦿ zur Wahl gehen; an einer Bürgeranhörung teilnehmen; Bürgerbegehren unterstützen; sich an einem Bürgerentscheid beteiligen; für politische Forderungen demonstrieren; Aufgaben in einer Bürgerinitiative, einem Verband oder einer Partei übernehmen; bei Wahlen kandidieren; als gewählter Vertreter Verantwortung übernehmen
sich unkonventionell verhalten	⦿ bürgerlichen Ungehorsam beweisen; gewaltlosen Widerstand leisten (Vorsicht! Vorhersehbare Folgen abwägen!)
keine Gewalt anwenden	⦿ Gewalt ist kein Spaß und hat in einer Demokratie keinen Platz. Gewalt ist kein Mittel der politischen Auseinandersetzung. Gewaltanwendung wird als Verbrechen bestraft. Gewalt führt zum „Krieg aller gegen alle“ (Thomas Hobbes).

2

Erprobung der Schlüsselfragen an einem Beispiel

Der Konflikt um die Minderung des CO_2-Ausstoßes im europäischen Kontext

Im Januar und Februar 2007 wurde zwischen Berlin und Brüssel ein heftiger politischer Streit um die Minderung des CO_2-Ausstoßes ausgetragen. Anhand dieses Vorgangs sollen die Fragen zum politischen Sehen, Beurteilen und Handeln beispielhaft erprobt werden. Dazu wurden einige Zeitungstexte ausgewählt, die im Folgenden – zumeist nur auszugsweise – abgedruckt sind.

Die Lektüre der Textausschnitte allein kann den Leserinnen und Lesern keinen ausreichenden Kenntnisstand vermitteln. Dies jedoch ist für das selbstständige politische Denken und Handeln eine normale Ausgangslage. Fast immer müssen Bürgerinnen und Bürger einen politischen Vorgang von einem lückenhaften Informationsstand aus untersuchen. Ihrer politischen Beteiligung kommt dennoch große Bedeutung zu.

Der erste Zugang

Aus dem Text einer regionalen Tageszeitung soll mit Hilfe der Fragen für den ersten Zugang (➲ S. 15) herausgearbeitet werden, worum es in diesem Konflikt ging.

Eine Frage – mehrere Antwortmöglichkeiten

Auf jede Frage gibt es unterschiedliche Antwortmöglichkeiten. Wichtig ist, dass Sie Ihre Antwort gut begründen und gegebenenfalls in einer Diskussion vertreten können.

Text 1

Autokonzerne drohen mit Job-Abbau

Firmen wehren sich gegen Verminderung des Kohlendioxid-Ausstoßes in der EU

Hamburg. Deutschlands Autokonzerne sind beim Klimaschutz auf massiven Konfrontationskurs zu Brüssel gegangen. In einem Brief an die EU-Kommission warnen die Chefs der fünf großen deutschen Autobauer vor einem drastischen Verlust an Arbeitsplätzen, sollte Brüssel einen scharfen Grenzwert für den klimaschädlichen Kohlendioxid-Ausstoß gesetzlich vorschreiben.

Es drohten „schwerste Verwerfungen in der Automobil- und Zulieferungsindustrie“, heißt es laut „Bild am Sonntag“ in dem

Brief von Martin Winterkorn (VW), Norbert Reithofer (BMW), Bernhard Mattes (Ford), Hans Demant (Opel) und Dieter Zetsche (DaimlerChrysler). Unterstützung erhalten die Autobosse von Wirtschaftsminister Michael Glos (CSU). Scharfe Kritik an dem Brief kam dagegen von den Grünen. Hamburgs Regierungschef Ole von Beust (CDU) warf der Autoindustrie schwere Versäumnisse beim Klimaschutz vor.

EU-Umweltkommissar Stavros Dimas will gesetzlich vorschreiben, dass von 2012 an die neu zugelassenen Autos in der EU einen Durchschnittswert von 120 Gramm Kohlendioxid pro Kilometer erreichen. Eine freiwillige Selbstverpflichtung der Autobauer, 140 Gramm pro Kilometer bis nächstes Jahr, droht zu scheitern. Noch liegt der Wert bei knapp 160 Gramm. Auch Umweltminister Sigmar Gabriel und Verkehrsminister Wolfgang Tiefensee (beide SPD) fordern eine gesetzliche Verpflichtung der Autobauer. EU-Industriekommissar Günter Verheugen ist dagegen.

Die Autobosse kritisieren, durch eine gravierende Verzerrung des Wettbewerbs würde die Konkurrenzfähigkeit zahlreicher Standorte in Europa massiv geschwächt. Eine Abwanderung vieler Arbeitsplätze bei den Automobilherstellern wie auch in der Zulieferungsindustrie wäre die unmittelbare Folge. (dpa)

▸ Braunschweiger Zeitung, 29.1.2007, S. 1

Einstiegsfragen

◉ Worum geht es?

In dem Konflikt geht es um den Klimaschutz bzw. um Gewinneinbußen und den Verlust von Arbeitsplätzen in der Automobil- und Zulieferungsindustrie.

Der EU-Umweltkommissar Stavros Dimas „will gesetzlich vorschreiben, dass von 2012 an die neu zugelassenen Autos in der EU einen Durchschnittswert von 120 Gramm Kohlendioxid pro Kilometer erreichen“. Sein Vorhaben stößt sowohl auf Zustimmung als auch auf Ablehnung.

◉ Wer ist daran beteiligt?

Deutschlands Automobil- und Zulieferungsindustrie, genauer, die Chefs der fünf großen Autobauer (VW, BMW, Ford, Opel, DaimlerChrysler); der EU-Umweltkommissar Stavros Dimas und der EU-Industriekommissar Günter Verheugen; Mitglieder der Bundesregierung: Wirtschaftsminister Michael Glos (CSU), Umweltminister Sigmar Gabriel (SPD), Verkehrsminister Wolfgang Tiefensee (SPD); Die Grünen (Partei); Ole von Beust (CDU, Regierungschef in Hamburg) sowie Arbeiter und Angestellte in der Automobil- und Zulieferungsindustrie.

◉ Welche Interessen verfolgen die Akteure?

EU-Umweltkommissar Stavros Dimas setzt sich für den Klimaschutz ein. Er erfährt Unterstützung von Umweltminister Sigmar Gabriel (SPD), Verkehrsminister Wolfgang Tiefensee (SPD), den Grünen und von Ole von Beust (CDU, Regierungschef in Hamburg).

Die Chefs der fünf großen Autobauer befürchten, ihre großen Autos mit einem CO_2-Ausstoß mit deutlich über 120 Gramm pro Kilometer nicht mehr produzieren zu dürfen bzw. verkaufen zu können. Sie tun alles, um Wettbewerbsnachteile gegenüber ausländischen Automobilfirmen zu verhindern, die hauptsächlich kleinere Autos produzieren. Sie erfahren Unterstützung von Wirtschaftsminister Michael Glos (CSU) und dem EU-Industriekommissar Günter Verheugen (SPD). Beide wollen eine Benachteiligung der deutschen Wirtschaft vermeiden; über Wirtschaftswachstum soll die hohe Arbeitslosigkeit in Deutschland gesenkt werden. Eine drastische Reduktion des CO_2-Ausstoßes zum Klimaschutz steht für sie diesen Interessen entgegen.

Diese Antworten sind ein erster Einstieg zum Verständnis der Auseinandersetzung. Zur Vertiefung muss jedoch weitergefragt werden.

Politische Analyse mit Hilfe der drei Dimensionen des Politischen

Um die Untersuchung systematisch zu betreiben, werden Analysefragen zu den drei Dimensionen des Politischen gestellt, also Fragen

- zur Untersuchung des politischen Problems, das durch den Klimawandel entstanden ist;
- zu den politischen Auseinandersetzungen, die um die Bewältigung dieses Problems Anfang 2007 in der Bundesrepublik Deutschland und in der EU geführt wurden;
- zum politischen Handlungsrahmen, in dem dieser Prozess stattfand und seine Fortführung findet.

Analyse des politischen Problems

Worum geht es?

Zur vertieften Untersuchung kann zusätzlich gefragt werden:

- Welches Problem soll gelöst werden?
- Welches Ausmaß besitzt das Problem?
- Welche Ursachen hat das Problem?
- Welche Folgen zieht das Problem nach sich? Wen betrifft es? Wer ist davon berührt?
- Welche Problemlösungen bieten sich an?
- Welche Folgen (unerwünschten Nebenfolgen) sind bei der genannten Problemlösung zu erwarten?

Die folgenden Auszüge aus Zeitungstexten bieten Material, um diese Fragen zu beantworten.

Text 2

Alarm: Den Eisbären schmilzt das Eis weg

Die US-Regierung will Eisbären wegen des Klimawandels und abschmelzender Polkappen als bedrohte Tierart in das Artenschutzprogramm aufnehmen. Es bestehe die Sorge, dass den Eisbären der Lebensraum regelrecht unter den Tatzen wegschmelzen könnte, sagte der US-Innenminister (...).

▸ Braunschweiger Zeitung, 29.12.2006, S. 1

Text 3

Klimawandel

Die Erwärmung der Erdatmosphäre beläuft sich im zurückliegenden Jahrhundert auf etwa 0,8 Grad Celsius. In den vergangenen Jahren war es allerdings zu einer deutlichen Beschleunigung gekommen: Elf der zwölf wärmsten Jahre seit Beginn regelmäßiger Messungen Ende des 19. Jahrhunderts wurden nach 1995 registriert. Sollte diese Entwicklung anhalten und die Zunahme des Kohlendioxidgehaltes in der Luft weiter wie bisher oder sogar noch schneller ansteigen, rechnen die Klimaforscher offenbar mit einer Erwärmung von bis zu sechs Grad bis zum Ende des Jahrhunderts.

▸ Joachim Müller-Jung: Weltklima-Redaktion.
In Paris entsteht ein neuer Bericht.
In: Frankfurter Allgemeine Zeitung, 31.1.2007, S. 5

Text 4

Verursacher ist der Mensch

IPCC-Report – Experten erwarten gravierende Erderwärmung

Bis zum Ende des Jahrhunderts droht der Erde eine ‚beispiellose' Klimaerwärmung um bis zu 6,4 Grad Celsius. Davor warnt der UN-Klimarat IPCC in seinem vierten, am Freitag (2.2.2007) in Paris vorgestellten Bericht. Verursacher des Klimawandels ist dem Bericht zufolge der Mensch. „Das Parlament" erläutert zentrale Aussagen des Reports.

Die durchschnittliche Temperatur der Nordhalbkugel in der zweiten Hälfte des 20. Jahrhunderts ist „sehr wahrscheinlich" höher als in irgendeiner 50-Jahres-Periode der vergangenen 500 Jahre. „Wahrscheinlich" ist sie die höchste Durchschnittstemperatur der vergangenen 1300 Jahre.

Der IPCC hat sechs Szenarien berechnet. Im günstigsten Fall steigt die Durchschnittstemperatur der Jahre 2090 bis 2099 um 1,8 Grad Celsius (1,1 bis 2,9 Grad) im Vergleich zum Zeitraum von 1980 bis 1999. Im schlimmsten Fall sind es vier Grad (2,4 bis 6,4 Grad).

Die Ozeane haben sich seit den 1960er-Jahren bis in eine Tiefe von 3000 Metern erwärmt. Die Weltmeere haben bislang 80 Prozent der Wärme aufgenommen, die dem Klimasystem zusätzlich zugeführt wurde. Der Meeresspiegel ist im 20. Jahrhundert um rund 17 Zentimeter gestiegen. Eisverluste in der Antarktis und auf Grönland tragen zum Anstieg des Meeresspiegels bei. Berggletscher und Schneedecken sind sowohl auf der Nord- als auch auf der Südhalbkugel auf dem Rückzug. Satelliten- und Ballonmessdaten zeigen, dass sich nicht nur die bodennahen, sondern auch die höheren Luftschichten erwärmen.

Es gibt zahlreiche Hinweise darauf, dass die Intensität tropischer Stürme im Nordatlantik zugenommen hat. Dies geht einher mit höheren Oberflächentemperaturen der tropischen Meere. (dpa)

‣ Das Parlament, 6.2.2007, S. 13

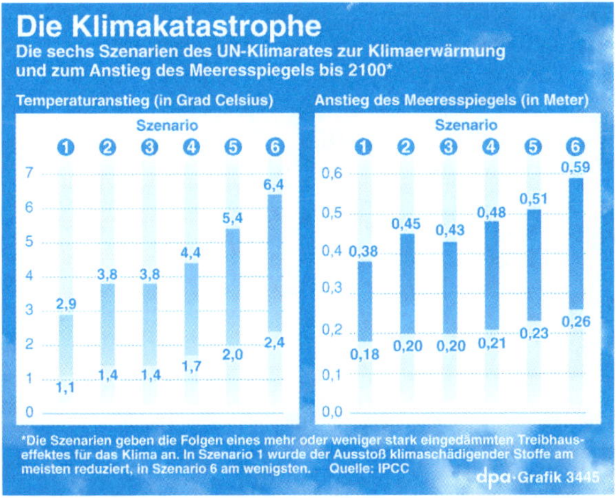

Zeitungstexte werden oft durch Statistiken und Schaubilder illustriert. Schaubilder richtig lesen zu können, will gelernt sein! Im dritten Teil dieses Buches (➲ S. 108 ff.) finden Sie Arbeitshinweise, mit deren Hilfe Sie einen raschen Überblick zum richtigen Umgang mit Statistiken und Schaubildern erhalten.

Text 5

Zur Information

CO_2-Ausstoß

Der Autoverkehr trägt mit 12 Prozent zum klimakillenden CO_2-Ausstoß (Kohlendioxidausstoß) bei. Bis 2008 wollten die Autobauer den CO_2-Ausstoß auf 140 Gramm pro Kilometer senken.

Deutsche Spitzenautos liegen weit darüber: der Porsche Cayenne stößt 378 Gramm aus, der VW Phaeton 348 Gramm, der Audi R8 336 Gramm, listet die Umwelthilfe auf. Der Verband der Autoindustrie (VDA) betont, es gebe 334 deutsche Automodelle, die weniger als 154 Gramm emittieren, davon 50 weniger als 120 Gramm. (VGO)

▸ Frankfurter Rundschau, 23.1.2007, S. 9

Und nun die Antworten:

- **Welches Problem soll gelöst werden?**

Diese Frage wurde schon einmal gestellt und – zumindest vorläufig – beantwortet (vgl. S. 49). Die nachfolgenden detaillierteren Fragen zur Analyse eines politischen Problems und die dazu gefundenen Antworten vermitteln ein besseres Problemverständnis.

- **Welches Ausmaß besitzt das Problem?**

Für das 21. Jahrhundert wird eine starke Klimaerwärmung vorhergesagt. Die Folgen werden für alle Menschen dieser Erde überwiegend negativ sein. Der Klimawandel ist daher ein weltweites Problem, das gelöst werden muss, sollen die vorhersehbaren Folgen verhindert werden. Darüber gibt Ihnen der Text 4 Auskunft. Der Meeresspiegel wird weiter ansteigen. Berggletscher und Schneedecken in den Gebirgen werden verschwinden. Die tropischen Stürme im Nordatlantik nehmen zu.

- **Was sind die Ursachen des Problems?**

Nach dem Bericht des UN-Klimarats IPCC (Intergovernmental Panel on Climate Change) vom 2.2.2007 ist der Mensch der Verursacher des Klimawandels (➲ Text 4). Auf ihn geht die Zunahme des Kohlendioxidgehaltes zurück, die nicht allein, aber maßgeblich die Erwärmung bewirkt. „Der Autoverkehr trägt mit 12 Prozent zum Klima schädigenden CO_2-Ausstoß (Kohlendioxidausstoß) bei“ (➲Text 5).

- **Welche Folgen zieht das Problem nach sich?**
  Wen betrifft es? Wer ist davon berührt?

Die Folgen werden auch die Menschen in Deutschland bitter zu spüren bekommen. Ein Holländer hat einmal trocken bemerkt:

Für die Menschen an der Küste werden in Zukunft zwei Fragen wichtig sein: Halten die Deiche und lohnt es sich, Schlittschuhe zu kaufen? Die Küstenbewohner müssen in Zukunft davon ausgehen, dass zum einen ihre Städte vom Meer bedroht sind, zum anderen der Winter kein richtiger Winter (mit Schnee und Kälte) mehr sein wird. Dafür werden die Sommer heiß und trocken ausfallen. Unter Umständen wird das Wasser knapp werden. Heftige Stürme, wie sie eigentlich nur von Fernsehbildern aus den USA bekannt sind, zerstören schon heute in Europa Wälder, Häuser und Straßen.

- **Welche Problemlösungen bieten sich an?**

Da der Autoverkehr mit 12 Prozent zum Klima schädigenden CO_2-Ausstoß beiträgt (➲ Text 5), liegt es nahe, eine Maßnahme zur Problemlösung im Bau von Autos zu suchen, die weniger CO_2 ausstoßen. Der Gebrauch von großen Autos mit hohem CO_2-Ausstoß kann verteuert oder ganz verboten werden. Ein Tempolimit auf allen Straßen wird diskutiert. Die starke Einschränkung des Autoverkehrs zum Beispiel durch Fahrverbote an bestimmten Tagen wäre eine noch radikalere Lösung.

- **Welche Folgen (unerwünschten Nebenfolgen) sind bei der genannten Problemlösung zu erwarten?**

Bei jeder dieser Lösungen würde die deutsche Automobilindustrie, die vor allem große Autos produziert, weniger Autos verkaufen. Die Gewinne würden zurückgehen; viele der ca. 860.000 Arbeitsplätze in Deutschland wären gefährdet. Das Wachstum der Wirtschaft würde eingeschränkt.

Analyse des politischen Handlungsrahmens

Zum Verständnis der politischen Auseinandersetzung ist die Kenntnis des politischen Handlungsrahmens wichtig. Zur Untersuchung des politischen Handlungsrahmens werden folgende Fragen ausgewählt: • Welche Kompetenzen hat die EU? • Welche Institutionen sind beteiligt? • Wie hängen die Institutionen voneinander ab? Auch dazu wurde ein Zeitungstext ausgesucht.

Text 6

Europas Macht

Von Alexander Hagelüken

(...) Was soll die EU überhaupt regeln? Haben die Politiker in Berlin gar nichts mehr zu sagen? Und wie lässt sich sicherstellen, dass all die Gesetze made in Brussels dem Willen der Bürger entsprechen (...)?
Die EU darf nur in das Leben der Bürger eingreifen, wenn eine europaweite Lösung vorteilhafter ist als eine nationale. (...) Nur was Regierungen und EU-Parlamentarier genehmigen, wird in den Mitgliedstaaten Gesetz. Und alle Brüsseler Gesetzentwürfe benötigen die Zustimmung gewählter Volksvertreter. Dies alles verhindert, dass Brüssel außer Kontrolle gerät. (...)
Abgaswerte für Autos will die EU-Kommission vorschreiben, um die europäischen Klimaschutz-Ziele zu erreichen. Die Aufheizung des Erdballs ist ein Phänomen, das Ländergrenzen ignoriert. Isolierte nationale Gesetze haben im globalen Maßstab wenig Wirkung. Wenn auf den Straßen in der Slowakei weniger Kohlendioxid ausgestoßen wird, ist dies eine Fußnote. Selbst was im größten EU-Mitgliedstaat Deutschland geschieht, besitzt weltweit gesehen nur eingeschränkte Relevanz. Steuern

dagegen 500 Millionen EU-Bürger saubere Wagen, hat dies Gewicht. Die Europäer können die globale Strategie gegen die Erderwärmung nur beeinflussen, wenn sie gemeinsam agieren. Deshalb ist es ein Meilenstein, dass die EU-Kommission nach langem internen Streit am Mittwoch erstmals gesetzliche CO_2-Limits für Autos vorgeschlagen hat. (...).

▸ Süddeutsche Zeitung, 8.2.2007, S. 4

- **Welche Kompetenzen hat die EU?**

Die EU darf Regelungen treffen, „wenn eine europaweite Lösung vorteilhafter ist als eine nationale". Das ist bei der Festsetzung von CO_2-Limits für Autos der Fall. Eine nationale Regelung bewirkt zu wenig. Wenn aber „500 Millionen EU-Bürger saubere Wagen" steuern, „hat dies Gewicht".

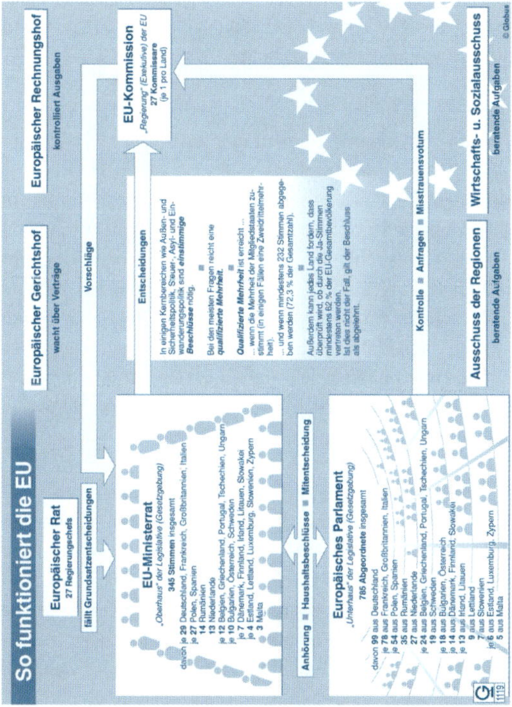

Politische Analyse mit Hilfe der drei Dimensionen des Politischen

- **Welche Institutionen sind beteiligt?**

Die Europäische Kommission in Brüssel

Die Europäische Kommission erarbeitet Vorschläge für neue Gesetze, die sie dem Europäischen Parlament und dem Rat der Europäischen Union (häufig „Ministerrat“ oder einfach nur „der Rat“ genannt) vorlegt. Der Präsident der EU-Kommission und die EU-Kommissare werden von den Mitgliedstaaten mit der Zustimmung des Europäischen Parlaments ernannt.

Der Rat der Europäischen Union (Ministerrat) in Brüssel

Im Text heißt es: „Nur was Regierungen und EU-Parlamentarier genehmigen, wird in den Mitgliedstaaten Gesetz“. Die Nennung der Regierungen weist auf den EU-Ministerrat hin. Der Ministerrat (Rat der Europäischen Union) ist das Gesetzgebungsorgan der EU. Er trifft die Entscheidung darüber, welche Vorschläge der Europäischen Kommission geltendes Recht in der EU werden und welche nicht. In ihm sitzen die Minister, die die Regierungen der einzelnen Mitgliedstaaten zu den Beratungen der Kommissionsvorschläge nach Brüssel schicken. Beim Gesetzgebungs- und Verordnungsverfahren der EU sind daher die einzelnen Regierungen sehr wohl vertreten.

Der Europäische Rat

Im Europäischen Rat tagen die Staats- und Regierungschefs der EU-Mitgliedstaaten zusammen mit dem Präsidenten der EU-Kommission. Sie geben Impulse für die Weiterentwicklung der Union und legen die allgemeinen politischen Zielvorstellungen für die Entwicklung fest (Art. 4 des EU-Vertrages). Ein Mitgliedsland übernimmt für ein halbes Jahr die Ratspräsidentschaft; danach wechselt die Präsidentschaft zu einem anderen Mitgliedsland.

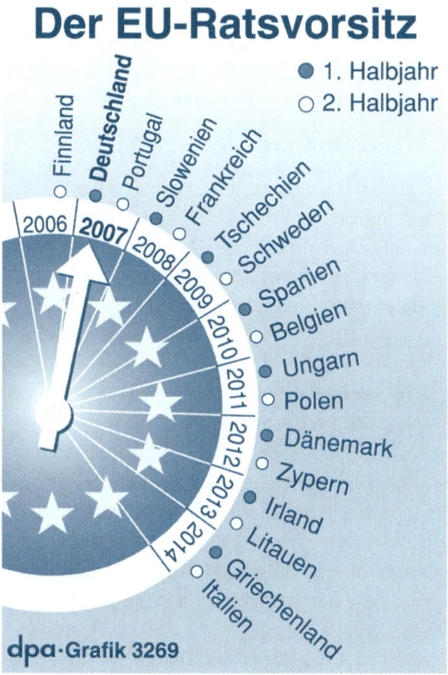
Der EU-Ratsvorsitz
1. Halbjahr
2. Halbjahr
2006 Finnland
2007 Deutschland
Portugal
2008 Slowenien
Frankreich
2009 Tschechien
Schweden
2010 Spanien
Belgien
2011 Ungarn
Polen
2012 Dänemark
Zypern
2013 Irland
Litauen
2014 Griechenland
Italien
dpa·Grafik 3269

Das EU-Parlament in Strasbourg

Das Europäische Parlament kontrolliert die Kommission und den Ministerrat. Die Bürgerinnen und Bürger der 27 Mitgliedstaaten der EU wählen die Mitglieder des EU- Parlaments (Europawahl).

- **Wie hängen die Institutionen voneinander ab?**

Die Europäische Kommission kann nur Gesetzes- und Verordnungsvorschläge erarbeiten. Damit die Gesetze und Verordnungen in Kraft treten können, müssen ihnen der EU-Ministerrat und das Europäische Parlament zustimmen. Im Text (➲ Text 6) wird gefragt: „Haben die Politiker in Berlin gar nichts mehr zu sagen?"

Die Bundesregierung („die Politiker in Berlin") hat sehr wohl etwas zu sagen, denn sie ist im Ministerrat vertreten. Im ersten Halbjahr 2007 hatte sie sogar den EU-Ratsvorsitz inne. In ihm kann sie auf den europäischen Gesetzgebungs- und Verordnungsprozess einwirken.

Ferner wird gefragt: „Und wie lässt sich sicherstellen, dass all die Gesetze made in Brussels dem Willen der Bürger entsprechen?" Die Bürgerinnen und Bürger der Bundesrepublik Deutschland senden in der Europawahl ihre Vertreter in das EU-Parlament. Die Parlamentarier versuchen dort, den Willen der Bürgerinnen und Bürger zu vertreten.

Ferner entscheiden die Bürgerinnen und Bürger der Bundesrepublik Deutschland in der Bundestagswahl über die Zusammensetzung des Bundestages. Der Bundestag wählt den Bundeskanzler, der die Bundesregierung bildet. Im EU-Ministerrat wird so der „Wille der Bürgerinnen und Bürger" durchaus spürbar.

Analyse des politischen Prozesses

Zwei Fragen für den ersten Zugang betrafen den politischen Prozess. Eine davon soll hier erneut gestellt werden: • Welche Interessen verfolgen die Akteure? Auch dazu wurde ein Text ausgewählt.

Text 7

Klimaschutz im Kreisverkehr

Wie Autoindustrie und Wirtschaftspolitiker den EU-Abgasplan erfolgreich torpedieren

Von Alexander Hagelüken

(...) Auf Europas Straßen muss sich etwas ändern. Während die klimaschädlichen Emissionen in der EU insgesamt zurückgehen, blasen die Autos immer mehr Abgase in die Luft. Der Brüsseler Umweltkommissar Stavros Dimas will deshalb scharfe Gesetze erlassen, weil die Hersteller ihre Selbstverpflichtung zum Umweltschutz verfehlen. Doch der deutschen Autoindustrie gelang es binnen weniger Tage, ihre Versäumnisse vergessen zu machen.

Auf einmal ist von zehntausenden Arbeitsplätzen die Rede, die Dimas' Vorstoß in Deutschland angeblich kosten würde. Gewerkschaften rufen zum Widerstand auf. Und die Bundesregierung sekundiert, als säße der Autokanzler Schröder auf dem Chefsessel statt der früheren Umweltministerin Merkel. Kommissionspräsident José Manuel Barroso lässt sich von dieser ganz großen Koalition beeindrucken: Dezent rückt er von seinem grünen Kommissar Dimas ab.

Es handelt sich also um ein Musterbeispiel für politisches Lobbying, das zu Lasten der Umwelt gehen könnte. Jetzt droht ein fauler Kompromiss, der die Autohersteller aus der Pflicht entlässt. (...)

Wenn weiter zu wenig geschieht, steht nicht nur Europa vor einer gewaltigen ökonomischen Bedrohung. Nicholas Stern, ehemaliger Chefvolkswirt der Weltbank, rechnet es vor: Es käme weit billiger, den Klimawandel zu bremsen, statt für die Folgeschäden wie Überschwemmungen oder Dürren das Portemonnaie zu öffnen. Die Logik der Ökonomie hätte jetzt auf die Abgasregel angewendet werden müssen.

Es gibt noch einen zweiten wirtschaftlichen Grund, die europäischen Autohersteller zum Benzinsparen anzuhalten. Wer als Erster die neuen Technologien entwickelt, kann sie als Erster auch in den USA und Asien verkaufen. (...)

▸ Süddeutsche Zeitung, 1.2.2007, S. 4

- **Welche Interessen leiten die Akteure?**

Der Kommentar der Süddeutschen Zeitung macht darauf aufmerksam, welche Interessen die Akteure leiten – und vor allem, welche sie nicht leiten. Als Einziger will der EU-Kommissar für die Umwelt, Stavros Dimas, etwas für die Umwelt auch gegen die Interessen der deutschen Autoindustrie tun.

Der Präsident der Europäischen Kommission möchte eine harte Auseinandersetzung mit der deutschen Bundeskanzlerin und den Mitgliedern der Bundesregierung vermeiden. Hierbei spielt sicherlich auch eine Rolle, dass Deutschland Anfang 2007 für ein halbes Jahr die Ratspräsidentschaft übernommen hat.

Als Folge der Gesetze, die der EU-Kommissar für die Umwelt vorschlägt, befürchtet die deutsche Autoindustrie einen dramatischen Absatzrückgang, der den Verlust zehntausender Arbeitsplätze nach sich ziehen würde. Ihr Interesse liegt darin, weiterhin in großer Anzahl Autos produzieren und verkaufen zu können.

Die Gewerkschaften setzen sich für ihre Mitglieder ein. Um die Arbeitsplätze in den Autowerken zu erhalten, rufen die Gewerkschaften ebenfalls zum Widerstand gegen die von Dimas vorgeschlagenen Klimaschutzmaßnahmen auf.

Sie erfahren dabei Unterstützung von der Bundesregierung, die weiß, dass die Wählerinnen und Wähler sie bei den nächsten Wahlen in erster Linie nach ihren Erfolgen im Kampf gegen Arbeitslosigkeit beurteilen werden.

Zusammenfassend sagt der Kommentar, dass ökonomische Interessen eine wirksame Reduktion des CO_2-Ausstoßes bei Autos verhindern. Die Automobilwirtschaft in Deutschland und die Bundesregierung geben in dieser Frage dem wirtschaftlichen Erfolg den Vorrang vor dem Umweltschutz.

- **Welche Interessen verfolgen die Akteure nicht?**

Der Kommentar macht auf mögliche Interessen der Wirtschaft und der Regierung aufmerksam, die der Umwelt nutzen würden, von denen sich Wirtschaft und Regierung aber nicht leiten lassen.

Die Bundesregierung müsste eigentlich energisch (so wie von Dimas geplant) für die Senkung des CO_2-Ausstoßes eintreten. Ihr Interesse müsste es sein, die enormen Kosten für die vorhersehbaren Folgeschäden des Klimawandels in gar nicht so ferner Zukunft zu vermeiden.

Die Autoindustrie müsste die (erzwungene) Umstellung der Produktion auf Benzin sparende Autos begrüßen, weil sie dadurch gegenüber der Konkurrenz wettbewerbsfähig bleiben und sich vielleicht sogar einen Vorsprung erarbeiten könnte.

Wenn die Bevölkerung nicht länger die Augen vor den Folgen des Klimawandels verschließen würde, dann müssten sie die vorhersehbaren einschneidenden Verschlechterungen ihrer Lebensbedingungen aufschrecken. Maßnahmen zur Minderung des CO_2-Ausstoßes müssten daher in ihrem Interesse liegen.

- **Warum lassen sich die Akteure nicht von diesen Interessen leiten?**

Der Kommentar aus der Süddeutschen Zeitung geht auf diese Frage nicht ein. Die Antwort kann aber selbst gegeben werden: Die Akteure denken nur an die Gegenwart und die unmittelbar bevorstehende Zukunft. Sie suchen kurzfristige Vorteile und vernachlässigen so ihre langfristigen Interessen. Charakterisiert der Kommentar die Interessenlage der Akteure zutreffend, dann besitzt der Umweltschutz trotz der vorhersehbaren Folgen für alle Menschen und Tiere dieser Erde nur geringe Chancen. Notwendige Maßnahmen werden zu spät und nur halbherzig getroffen.

„So leben wir, so leben wir, so leben wir alle Tage ..."

Politische Analyse

mit Hilfe des Politikzyklus

Der ausgewählte politische Vorgang kann auch mit Hilfe des Politikzyklus analysiert werden.

Im Folgenden werden Fragen zu den Phasen Problem und Auseinandersetzung, Entscheidung, Bewertung und Reaktionen, neue Probleme und neue Auseinandersetzungen gestellt und unter Zuhilfenahme von ausgesuchten Zeitungstexten beantwortet.

Problem und Auseinandersetzung

Text 8

Fuß vom Gas! Tom Rolff

Klimaschutz-Debatte – Das Europäische Parlament macht sich Sorgen um die Erdatmosphäre. Der CO_2-Ausstoß muss runter. Notfalls mit Hilfe von neuen Steuern. Doch die Widerstände sind groß.

Fakten

- *Im Kioto-Protokoll* haben sich die Unterzeichnerstaaten verpflichtet, ihren Ausstoß an Treibhausgasen bis 2012 um acht Prozent im Vergleich zum Wert von 1990 zu senken.
- *EU-Umweltkommissar* Stavros Dimas will dafür auch den Kohlendioxid-Ausstoß von Neuwagen kräftig reduzieren – auf 120 Gramm je Kilometer. Bisher liegen die Werte im Durchschnitt bei 160 Gramm.

- *Bisher existiert* nur eine freiwillige Selbstverpflichtung der Fahrzeughersteller. Bis Ende 2008 sollen danach nur noch 140 Gramm CO_2 je Kilometer aus dem Auspuff kommen.

Am Anfang war das Wort der Autoindustrie: 1998 versprachen die Bosse der Branche den europäischen Politikern, dass sie den Kohlendioxid-Ausstoß der Neuwagen bis 2008 im Durchschnitt auf 140 Gramm pro Kilometer drücken würden – zum Wohle des Klimas. Die Autoindustrie sollte mit dieser Selbstverpflichtung dazu beitragen, dass die EU ihr in Kioto gegebenes Versprechen einhalten kann, den Ausstoß an Kohlendioxid und anderen Treibhausgasen bis 2012 um acht Prozent unter das Niveau von 1990 zu senken.

In Brüssel weiß man schon lange, dass die Autohersteller dieses Ziel nicht erreichen werden. Ihre Ingenieure haben den Verbrauch der Neuwagen in acht Jahren von durchschnittlich 190 auf 163 Gramm pro Kilometer gesenkt. Das ist weit entfernt vom selbst gesteckten Ziel und reicht auch nicht, um die Gesamtemissionen des Straßenverkehrs zu senken. Während die Industrie immer weniger klimaschädliche Treibhausgase ausstößt, sind die Emissionen der Pkw seit 1990 um ein Viertel gestiegen.

(...) Das liegt daran, dass immer mehr, größere und schnellere Autos verkauft werden. Die Kunden, sagt der Verband der deutschen Automobilindustrie (VDA), fragten die „Premiummodelle" eben stärker nach als früher. Die Industrie mache für ihre sparsamen Modelle „nicht genug Werbung", sagt dagegen der Europaabgeordnete Peter Liese (CDU). Allerdings seien die Käufer der Sport- und Luxuskarossen auch nicht einfach nur Opfer der Autowerbung – Liese will die Autofahrer nicht aus der Verantwortung für den Klimaschutz lassen. (...)

Umweltkommissar Stavros Dimas kündigte schon im Dezember an, die Kommission werde die Grenzwerte, zu denen sich die Industrie 1998 verpflichtet hatte, verbindlich festlegen. Seitdem tobt in der Kommission ein heftiger Streit. Industriekommissar Günter Verheugen geht davon aus, dass man durch ein Bündel anderer Maßnahmen eine noch stärkere Reduzierung der CO_2-Emissionen erreichen kann: Energiesparende Reifen, Biokraftstoffe, umweltbewusstes Verhalten am Steuer und ein angemessener Ausbau der Verkehrsinfrastruktur könnten die Emissionen noch unter die anvisierten 120 Gramm drücken. (...)
Richtig ist, dass die deutschen Autobauer die größten Probleme hätten, den Grenzwert von 120 Gramm einzuhalten. Denn sie sind die größten Hersteller Sprit fressender Premiummodelle in Europa. Jeder zweite Job in der deutschen Automobilindustrie ist vom Geschäft mit leistungsstarken Limousinen, Sport- oder Geländewagen abhängig. (...)

▸ Das Parlament 6, 5.2.2007, S. 13

Text 9

EU-Kommission verteidigt Grenzwerte für Autoabgase

(...) Die Kommission hatte zuvor nach langem Ringen ein Strategiepapier angenommen, in dem das Ziel ausgegeben wird, den Kohlendioxid-Ausstoß der Neuwagen bis 2012 auf 120 Gramm je Kilometer zu senken. Die Industrie soll den Ausstoß aber nur auf 130 Gramm begrenzen. Die restlichen 10 Gramm Senkung will die Behörde durch technische Verbesserungen der Autoklimaanlagen, die Optimierung des Reifendrucks und der Gangschaltung sowie eine höhere Beimischung von Biokraftstoff zum Treibstoff erreichen.

Der Einigung war ein Streit zwischen Dimas und Verheugen vorausgegangen. Der Umweltkommissar wollte die Hersteller dazu verpflichten, die Emissionen allein durch Technik auf 120 Gramm zu begrenzen, Verheugen hatte sich dafür eingesetzt, auch den höheren Einsatz von Biokraftstoff und Einsparungen durch Verbesserungen beim Reifendruck, dem Fahrverhalten sowie der Verkehrsführung einzuberechnen. Insofern ist der Vorschlag vom Mittwoch ein Kompromiss zwischen beiden Modellen. (...)

▸ Frankfurter Allgemeine Zeitung, 8.2.2007, S. 11

◉ Phase: Problem

Für diese Phase lautet die Schlüsselfrage: • Worin besteht das Problem und welche Aufgabe hat die Politik zu lösen?

Das Problem – der vom Menschen verursachte Klimawandel und seine Folgen – ist unumstritten und wird deshalb in dem Text erst gar nicht erwähnt. Der Vorschlag zur Problemlösung dagegen, den CO_2-Ausstoß bei Neuwagen zu reduzieren, ist heftig umstritten. Die Autoindustrie ist eine Selbstverpflichtung eingegangen, die sie aber nicht einhält. Nun steht die Politik vor der Aufgabe, eine Reduktion notfalls gegen die Industrie durchzusetzen.

◉ Phase: Auseinandersetzung

Hierzu lautet die Schlüsselfrage: • Wie verläuft die Auseinandersetzung?

Die Autoindustrie kann Maßnahmen zum Klimaschutz nicht verhindern. Sie bringt aber sehr erfolgreich einen neuen Akteur ins Spiel: die Käufer der Premiummodelle mit hohem Benzinverbrauch. Mit dem Hinweis auf die Wünsche ihrer Kunden versucht sie, die Nichteinhaltung ihrer Selbstverpflichtung zu entschuldigen. Diese verlangten große Autos und nur deshalb würden sie auch produziert. Wenn sie diese Wünsche nicht bedienen würden, seien Arbeitsplätze in Gefahr. Und das darf nicht sein. Die Autoindustrie weiß genau, dass jeder Politiker Arbeitsplätze um beinahe jeden Preis zu erhalten versucht. Deshalb soll nach dem Willen des EU-Industriekommissars Verheugen nach einer Lösung gesucht werden, bei der CO_2-Emissionen reduziert werden, zugleich aber der Verkauf großer Autos nicht verhindert wird. Für ein hartes Vorgehen gegen die Autoindustrie setzt sich dagegen der EU-Umweltkommissar Dimas ein. Zwischen beiden Kommissaren wird ein langer und heftiger Streit ausgetragen.

Lissabon

Der Europäischen Union (EU) wird mangelnde Effektivität und Schwerfälligkeit vorgeworfen. Kritik entzündete sich in der Vergangenheit immer wieder am halbjährlichen Wechsel der Ratspräsidentschaft, an der unklaren Aufteilung der außenpolitischen Kompetenzen sowie am eingeschränkten Mitentscheidungsrecht des Europäischen Parlaments. Der Vertrag von Lissabon soll entscheidende Reformen der EU in die Wege leiten (➲ S. 76):

- der Europäische Rat wählt für zweieinhalb Jahre einen Präsidenten, der kein nationales Amt innehaben darf und der sich ausschließlich um die Vorbereitung und Moderation der Ratssitzungen kümmert;
- ein Hoher Beauftragter für die Außen- und Sicherheitspolitik bündelt die außenpolitischen Angelegenheiten der EU. Er sorgt dafür, dass die EU mit einer Stimme spricht und somit mehr außenpolitisches Gewicht erlangt;
- das Europäische Parlament erhält mehr Kompetenzen und wird neben dem Rat der Europäischen Union zu einem gleichwertigen Gesetzgeber;
- neue Abstimmungsregeln sollen nationale Blockadehaltungen einzelner Länder verhindern und die Schwerfälligkeit der EU verringern.

Wenn Sie aktuelle politische Probleme und Prozesse der EU untersuchen, überprüfen Sie doch bitte, ob Ihre Kenntnisse über den Handlungsrahmen auf dem neuesten Stand sind. Das gilt auch für die politische Analyse von Vorgängen in der Bundesrepublik. Besitzen Sie ein aktuelles Grundgesetz?

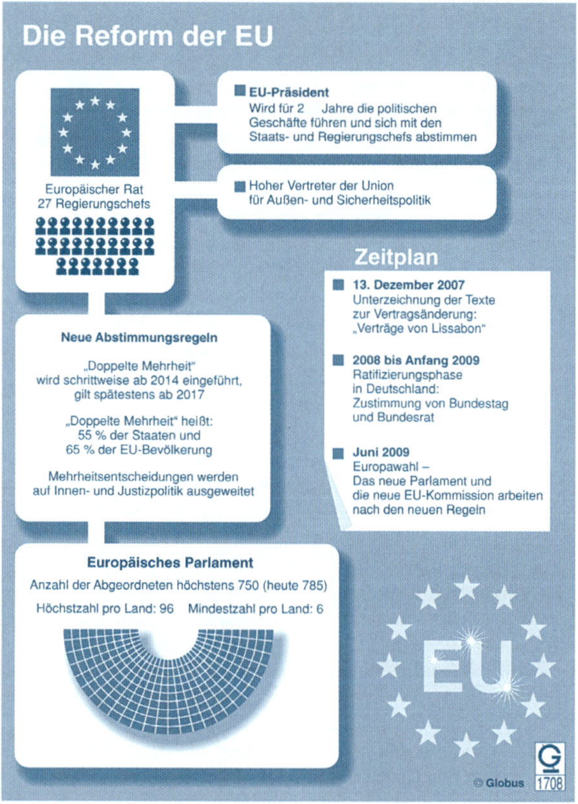
Die Reform der EU
Europäischer Rat
27 Regierungschefs
EU-Präsident
Wird für 2 Jahre die politischen Geschäfte führen und sich mit den Staats- und Regierungschefs abstimmen
Hoher Vertreter der Union für Außen- und Sicherheitspolitik
Neue Abstimmungsregeln
„Doppelte Mehrheit“ wird schrittweise ab 2014 eingeführt, gilt spätestens ab 2017
„Doppelte Mehrheit“ heißt: 55 % der Staaten und 65 % der EU-Bevölkerung
Mehrheitsentscheidungen werden auf Innen- und Justizpolitik ausgeweitet
Zeitplan
13. Dezember 2007
Unterzeichnung der Texte zur Vertragsänderung: „Verträge von Lissabon“
2008 bis Anfang 2009
Ratifizierungsphase in Deutschland: Zustimmung von Bundestag und Bundesrat
Juni 2009
Europawahl – Das neue Parlament und die neue EU-Kommission arbeiten nach den neuen Regeln
Europäisches Parlament
Anzahl der Abgeordneten höchstens 750 (heute 785)
Höchstzahl pro Land: 96 Mindestzahl pro Land: 6
EU
© Globus
1708

Entscheidung

Die Schlüsselfrage für die Phase der Entscheidung lautet: • Mit welchem Ergebnis endet die Auseinandersetzung?

Die EU-Kommission einigt sich auf ein Strategiepapier. Danach muss die Industrie den Ausstoß auf 130 Gramm begrenzen. Weitere 10 Gramm sollen durch Zusatzmaßnahmen eingespart werden. Der Konflikt zwischen den EU-Kommissaren Dimas und Verheugen, auf den die Kanzlerin, Bundesminister und die Autoindustrie eingewirkt haben, endet in einem Kompromiss. Damit ist der erste Schritt im langen Entscheidungs- bzw. Gesetzgebungsprozess getan.

Bewertung und Reaktionen

Auch zur Analyse dieser Phase des Politikzyklus haben wir einen Zeitungstext ausgewählt:

Text 10

Heftige Kritik an Abgas-Kompromiss

Differenzen zwischen den EU-Kommissaren Dimas und Verheugen

Die Auseinandersetzung über eine Abgasregelung geht in die nächste Runde. Nachdem die EU-Kommission in einem Kompromisspapier angekündigt hat, niedrigere Werte gesetzlich erzwingen zu wollen, hagelt es Proteste.

BRÜSSEL/BERLIN Umweltverbänden ist der für 2012 angestrebte Grenzwert zu hoch. Die Europäische Vereinigung der Automobilhersteller (ACEA) sprach dagegen von „unausgewogenen Vorschlägen", die die Wirtschaft gefährdeten. Die Vorgaben seien zudem nicht ausgereift, weil es die Kommission versäumt habe, eine Abschätzung der Folgen zu machen. (...)

Die Kontroverse zwischen beiden Kommissaren ließ sich auch daran festmachen, dass keiner der beiden zu einer Aussage darüber bereit war, wer bei der Gesetzgebung federführend agiert. Im kleinen Kreis hatte Verheugen am Vorabend jedoch deutlich gemacht, dass er sich diese Aufgabe nicht werde aus der Hand nehmen lassen.

In dem Papier schlägt die EU-Kommission vor, den Schadstoffausstoß für Neuwagen von 2012 an von heute 163 Gramm CO_2 pro Kilometer durch technische Verbesserungen zu begrenzen. Weitere zehn Gramm Ersparnis sollen unter anderem die Verwendung von Biodiesel, bessere Klimaanlagen und Leichtlaufreifen bringen.

Was die konkrete Gesetzgebung angeht, die nicht vor Mitte 2008 beratungsreif sein dürfte, betont die Kommission, sie müsse wettbewerbsneutral sein, die Unterschiede zwischen den Herstellern berücksichtigen und dürfe keinen Autobauer bevorzugen oder benachteiligen.

Klar sei jedoch, dass „wir von Herstellern großer Autos mehr erwarten, als von anderen – und die können das auch", wie Verheugen formulierte. Wie genau die Lasten unter den Herstellern verteilt werden und auf welcher Berechnungsgrundlage dies geschieht, etwa nach Gewicht oder Motorleistung, ist bisher völlig unklar und auch in der Kommission offenbar nicht hinreichend diskutiert. (...) RECK/VGO/DPA

▸ Frankfurter Rundschau, 8.2.2007, S. 9

Die Schlüsselfragen zur Phase „Bewertung und Reaktionen" lauten: • Wie bewerten Akteure das Ergebnis? • Welche Fragen bleiben offen?

Gegen das „Kommissionspapier" der Europäischen Kommission machen Umweltverbände und Automobilhersteller gleichermaßen Front. Den einen gehen die angekündigten Maßnahmen nicht weit genug, die anderen sehen Gefahren für die Wirtschaft voraus.

Der Kompromiss lässt viele Fragen offen: Was bedeutet „wettbewerbsneutral"? Wie kann man wirksame Maßnahmen durchsetzen, ohne die Hersteller großer Autos zu benachteiligen und die Produzenten kleiner (italienischer und französischer) Autos nicht zu bestrafen? Wie kann man die Lasten in der Autoindustrie gerecht verteilen? Welche Berechnungsgrundlagen werden gewählt? Das „Kompromisspapier" gibt darauf keine Antworten. Weil so vieles ungeklärt geblieben ist, ist der weitere Verlauf des politischen Prozesses offen. Die Auseinandersetzungen werden mit Sicherheit weitergehen.

Neue Probleme und neue Auseinandersetzungen

Die maßgebliche Schlüsselfrage, die am Anfang des neuen Politikzyklus steht, lautet: • Welche neuen Probleme und welche neuen Auseinandersetzungen können sich aus der Entscheidung und den Reaktionen darauf ergeben?

Die Kommission hat den Auftrag erhalten, bis Mitte 2008 einen Gesetzesvorschlag zu erarbeiten, der dann den Mitgliedstaaten und dem Europaparlament zur Verabschiedung vorgelegt wird. Dazu müssen für die vielen offenen Fragen Lösungen gefunden werden. Sie sind die neuen Aufgaben bzw. Probleme; um ihre Bewältigung werden mit Sicherheit noch viele Konflikte ausgetragen werden.

Bereits zu Beginn dieser Auseinandersetzung ist ein Punkt besonders umstritten. Es muss geklärt werden, welcher EU-Kommissar bei der Ausarbeitung des Gesetzesvorschlages „den Hut aufhaben wird". Dimas wird den Vorschlag sicherlich umweltfreundlicher bzw. weniger rücksichtsvoll für die Automobilindustrie gestalten wollen als Verheugen. Dieser Entscheidung kommt große Bedeutung für die Ausgestaltung des Gesetzesvorschlages zur Reduzierung der CO_2-Emissionen zu.

Unabhängig vom Ergebnis der Auseinandersetzung wird es während der Ausarbeitung des Gesetzesvorschlages zu einer „Lobbyschlacht" großen Ausmaßes kommen.

Politische Urteilsbildung

Zunächst wiederum drei Zeitungstexte:

Text 11

Klima-Schutz
Sollen wir Deutsche die Erde alleine retten?

Wir sollen nicht mal mehr in Urlaub fliegen!
Aber die anderen verpesten weiter die Luft!

Wir Deutsche sind für den Umweltschutz! Wir sind auch bereit, Opfer für die Umwelt zu bringen. Aber manchmal hat man den Eindruck: Wir sollen die Erde alleine retten! Jetzt fordern Politiker und Umweltexperten sogar den Verzicht auf Urlaubs-Flugreisen. Bayerns Innenminister Beckstein (CSU) hält das für Unsinn.

Und: *Was tun eigentlich die größten Umweltverschmutzer USA, Russland und China zur Rettung des Planeten?*

Fortsetzung Seite 8

▸ BILD. Bundesausgabe, 5.3.2007, S. 1 f.

Text 12 (BILD-Kommentar)

Bitte keine Umwelt-Hysterie!

Von Hans-Olaf Henkel

Auf unseren Umweltschutz können wir stolz sein: Deutsche Flüsse sind heute sauberer als vor 30 Jahren. Wir haben die perfekteste Mülltrennung, unsere Umwelttechnik ist weltweit begehrt!

Keine Frage: Der Klimawandel erfordert weitere ernsthafte Anstrengungen.

Aber es scheint, als suchten einige Politiker vor allem ein neues Feld, wo sie sich profilieren können. Ob Fahrverbot, Tempolimit oder der unsinnige Vorschlag, auf Urlaubsflugreisen zu verzichten – es wird derzeit viel heiße Berliner Luft produziert!

Auf das Nächstliegende kommen unsere Politiker nicht – oder sie wollen nicht darauf kommen. Zum Beispiel: Warum lässt man nicht die sichersten (deutschen) Kernkraftwerke der Welt länger laufen?

Diese vermeiden heute schon mehr CO_2*, als es alle „gut gemeinten" Vorschläge zusammen auf lange Zeit vermögen!*

Politiker, die die Menschen mit überzogenen Forderungen beim Umweltschutz verschrecken, bewirken nur das Gegenteil!

Wer so viel für den Umweltschutz tut wie die Deutschen, darf auch ohne schlechtes Gewissen mal nach Mallorca fliegen!

▸ BILD, Bundesausgabe, 5.3.2007, S. 1 f.

Text 13

Merkel verteidigt Autoindustrie
Gegen einheitliche Abgas-Norm / Anrechnung von Bio-Sprit

km. BERLIN, 30. Januar. Bundeskanzlerin Angela Merkel (CDU) stellt sich im Streit mit der EU-Kommission über neue Abgas-Grenzwerte hinter die deutsche Autoindustrie. „Wir werden generelle Reduktionsziele verhindern", sagte Merkel auf dem Europatag der Deutschen Wirtschaft in Berlin. Vielfalt sei ein Kennzeichen Europas, und daher müssten kleinere Autos bei der künftigen Reduktion der Kohlendioxid-Emissionen anders behandelt werden als große Fahrzeuge. „Es wird harte Diskussionen geben, aber wir werden kämpfen", versicherte die Kanzlerin. (...)

Die erste Äußerung der Kanzlerin im Abgas-Konflikt, die unerwartet deutlich ausfiel, war mit Spannung erwartet worden, weil Merkel jetzt mehrfach den Klimaschutz als größte Herausforderung der Menschheit bezeichnete und dabei Deutschland und die EU als Vorreiter sieht. Diese Rolle solle zwar weiter gelten, doch in der Rede vor der Industrie betonte die Kanzlerin deutlicher als früher, dass Europa nicht allein den Klimaschutz für die Welt übernehmen könne. Amerika und auch die großen Schwellenländer wie Brasilien und China müssten dabei mitmachen. Dafür wolle sie sich als Vorsitzende der G-8-Gruppe der Industriestaaten einsetzen.

Die Kanzlerin hält es zwar für bedauerlich, dass die deutsche Autoindustrie bis 2008 die Selbstverpflichtung verfehlen wird, die Emission auf 140 Gramm je Kilometer zu senken. Doch daraus könne kein generelles Limit für alle Autotypen abgeleitet werden. (...)

▸ Aus: Frankfurter Allgemeine Zeitung, 31.1.2007, S. 13

Das „Kompromisspapier“ als Ergebnis des Konflikts in der Europäischen Kommission fordert das eigene Urteil heraus: Soll ich den Kompromiss befürworten oder als unzureichend ablehnen? Zusätzlich kann nach der Beurteilung der politischen Akteure, zum Beispiel nach der Rolle von Bundeskanzlerin Merkel, gefragt werden. Zur Urteilsbildung können alle Urteilsfragen herangezogen werden. Wie immer sind bei allen Fragen unterschiedliche Antworten möglich. Es gibt kein „richtig“ oder „falsch“. Das getroffene Urteil müssen Sie vor sich selbst verantworten. Die Offenheit hört allerdings da auf, wo die Menschenwürde und Menschen- und Bürgerrechte verletzt werden.

Um die Offenheit der Antwortmöglichkeiten zu demonstrieren, werden im Folgenden zu jeder Frage zwei Antworten angeführt.

Spontanes Urteil

Wer die weltweiten Gefahren für die Umwelt sieht, wird ohne großes Nachdenken die Reduktion des CO_2-Ausstoßes befürworten. Der Vorschlag der EU-Kommission wird ihr/ihm nicht weit genug gehen.

Angehörige von Auto-Werken, aber auch Liebhaber schneller und komfortabler Autos sind spontan dagegen.

Eigenes Interesse

Die Folgen des weltweiten Klimawandels wird jeder zu spüren bekommen. Daher liegen Maßnahmen zur Verlangsamung der Erderwärmung im Interesse jedes Einzelnen.
Ich will weiterhin ohne Mehrkosten ein schnelles Auto fahren. Das Autofahren darf nicht durch irgendwelche „überzogenen" Maßnahmen aus Brüssel noch mehr verteuert werden. Es liegt nicht in meinem Interesse, wenn die Politiker gleich wieder übertreiben. Erst sollen mal die anderen Staaten wie Russland und China etwas tun.

Die Sensibilität der Deutschen für die Klimaproblematik wächst

Überprüfung des eigenen Urteils

Das Eintreten für die Umwelt ist mit dem Grundgesetz vereinbar (Art. 20a GG).
Jeder hat das Recht, seine Meinung frei zu äußern (Art. 5 GG). Jeder kann aus Sorge um die Arbeitsplätze oder aus Freude am Autofahren Kritik an dem Brüsseler Kompromiss üben.

Effizienz (Ziel-Mittel-Relation)

Ich kann der Meinung sein, dass die Reduktion des CO_2-Ausstoßes für die Verlangsamung des Klimawandels ein geeignetes Mittel ist. (Der CO_2-Ausstoß wird als ein Hauptverursacher des Klimawandels angesehen.)
Ich kann der Meinung sein, dass eine Reduktion des CO_2-Ausstoßes in Europa kein geeignetes Mittel ist. (Maßnahmen in Deutschland und Europa haben keinen Nutzen, wenn nicht die USA und China mitziehen.)

Kosten-Nutzen-Analyse aus der Sicht einer Politikerin bzw. eines Politikers (z.B. der Bundeskanzlerin)

Die Bundeskanzlerin hat den Klimaschutz als große Aufgabe anerkannt. Dennoch wendet sie sich gegen das drastische Vorgehen, wie es von Stavros Dimas favorisiert wird. In Deutschland würden dadurch das Wirtschaftswachstum und die Arbeitsplätze gefährdet. Angesichts der vorhersehbaren Reaktion der Wählerinnen und Wähler und des dadurch drohenden Machtverlustes steht der Nutzen für die Umwelt in keinem Verhältnis zu den „Kosten“ für die Bundesregierung. Bei dem Kompromissvorschlag der EU-Kommission steht dagegen der Nutzen für die Umwelt in einem auch von den Regierungsparteien annehmbaren Verhältnis zu den Kosten, denn es wird voraussichtlich zu keiner Abnahme der Wählergunst kommen. Das Vorgehen der Kanzlerin ist politisch ausgewogen.

Das Problem des Klimawandels ist so schwerwiegend, dass die Regierung den befürchteten Rückgang in der Wählergunst in Kauf nehmen muss. Unter Umständen könnte sie gerade mit dieser mutigen und ehrlichen Politik bei den politisch mündigen Bürgerinnen und Bürgern „punkten". Das Vorgehen der Kanzlerin ist politisch wenig überzeugend.

◉ **Legitimität**

Urteilsbildung orientiert an Werten

Es liegt in der Freiheit jedes Einzelnen, die Entscheidung aus Verantwortung für die Umwelt als unzureichend abzulehnen.
Es liegt in der Freiheit jedes Einzelnen, die Entscheidung aus Verantwortung für die Umwelt und die vom Verlust ihrer Arbeitsplätze bedrohten Angehörigen der Automobilindustrie als angemessen zu befürworten.
Das Recht zur freien Entfaltung der Persönlichkeit erlaubt es jedem „Autofan", das Auto zu fahren, das er möchte. Der Schutz der Umwelt darf nicht so weit gehen, die Freiheit des Einzelnen einzuschränken.

Urteilsbildung orientiert am Prinzip der Verallgemeinerungsfähigkeit

Ich kann mich in die Lage der nachfolgenden Generationen (der Kinder und Enkel), die mit den Folgen der Klimaerwärmung zu kämpfen haben werden, hineinversetzen und aus dieser Sicht heraus die Entscheidung der EU-Kommission ablehnen.
Ich kann mich in die Lage der von Entlassung bedrohten Arbeitnehmer in der Autoindustrie hineinversetzen und aus dieser Sicht dem Kompromiss zustimmen.

◉ Vorhersehbare Folgen

Wird der Kompromiss zum Gesetz, dann wird der CO_2-Ausstoß nur unwesentlich abnehmen. Die Entscheidung ist angesichts der beängstigenden Auswirkungen des Klimawandels unverantwortlich. Die Nachteile für die Wirtschaft, der Verlust an Arbeitsplätzen, die Ansehensverluste der Regierung und vor allem die Nichtbeachtung der Käuferwünsche nehmen sich daneben gering aus.
Die Auswirkungen der Entscheidung sind für die Umwelt durchaus positiv, ohne dass der Wirtschaft ernsthafte Nachteile entstehen und Arbeitsplätze gefährdet werden.

◉ Gesamturteil

Ich bin für die Umwelt, gar keine Frage. Aber meinen Audi fahre ich gern sportlich. Muss man mit dem Umweltschutz unbedingt bei den Autos anfangen? Auch die Politik sollte die Kirche im Dorf lassen. Andere Maßnahmen bringen sicher mehr. Für das Klima hätte ich mir mehr gewünscht. Alles in allem ist ein Kompromiss herausgekommen, der der Umwelt nutzt und niemandem schadet. Ich bin dafür.
Obwohl wir keine Zeit mehr zu verlieren haben, werden notwendige Maßnahmen nicht in Angriff genommen. Für die Umwelt muss viel mehr getan werden. Ich bin dagegen.

◉... und das Urteil über die Bundeskanzlerin

Bundeskanzlerin Merkel und die Bundesregierung haben mit ihrer Politik das Zustandekommen eines Kompromisses gefördert, der sowohl der Umwelt als auch der deutschen Wirtschaft und den Arbeitnehmern und damit auch ihrem eigenen Machterwerb und Machterhalt nutzt. Diese politische Leistung verdient meine Anerkennung.

Bundeskanzlerin Merkel und die Bundesregierung haben eine dringend notwendige Problemlösung aus Sorge vor den Reaktionen der Wirtschaft und der Wählerinnen und Wähler „verwässert". Machterhalt und Machterwerb waren ihnen wichtiger als der Erhalt der natürlichen Lebensgrundlagen. Diese Politik enttäuscht mich.

„Na, dann wollen wir mal wieder in die hohe Politik eingreifen"

Politische Beteiligung

Zunächst ein Auszug aus einem Interview, das zum Nachdenken über das eigene Handeln anregt.

Text 14

„Sollen wir alle Trabbi fahren?

VW-Chef Martin Winterkorn über den politischen Druck, schadstoffärmere Autos zu bauen, die Wünsche der Kunden nach immer größeren und leistungsstärkeren Modellen und die Konsequenzen, die Volkswagen aus diesem Dilemma ziehen will

SPIEGEL: Herr Winterkorn, warum blamiert sich die deutsche Autoindustrie derzeit so stark?

WINTERKORN: Wie kommen Sie denn darauf, dass wir uns blamieren?

SPIEGEL: Ist es nicht peinlich, dass die deutschen Hersteller ihre selbst gesetzten Ziele beim Klimaschutz nicht erreichen?

WINTERKORN: Nein, denn es liegt ja nicht allein in unserer Hand, dieses Ziel zu erreichen. Die europäische Autoindustrie hat sich verpflichtet, den Ausstoß von Kohlendioxid im Durchschnitt auf 140 Gramm pro Kilometer zu reduzieren. Doch dann haben die Kunden ihre Ansprüche an ein Fahrzeug deutlich geändert. Das konnten wir nicht voraussehen. Sie wollen Autos mit stärkeren Motoren, mit Klimaanlagen und mit vielen elektronischen Hilfen für mehr Komfort und Sicherheit. Sie kaufen Hochdachautos, die einen höheren Luftwiderstand

haben, oder Geländewagen. In diesen Segmenten gab es in den letzten Jahren den größten Boom.
SPIEGEL: Die Industrie als Opfer ihrer Kundschaft?
WINTERKORN: Nein, aber unsere Aufgabe als Hersteller ist nun mal, die Wünsche unserer Kunden zu befriedigen. (...)

Aus: DER SPIEGEL 10, 5.3.2007, S. 70-74

Sich demokratisch verhalten – etwas für die Umwelt tun

Wer etwas für die Umwelt tun will, muss sich beim Autokauf für ein kleines Auto mit geringem CO_2-Ausstoß entscheiden oder am besten gar nicht mehr im eigenen Auto fahren. Das fällt schwer. Andererseits: Wie VW-Chef Winterkorn ausführt, richtet sich die Autoindustrie nicht nach dem Klimaschutz, sondern nach den Wünschen ihrer Kunden. Wenn große Autos gefahren werden und die Umwelt schädigen, dann sind daran nicht die Politik und auch nicht die Wirtschaft schuld, sondern die Bürgerinnen und Bürger. Sie sind es, die die großen Autos mit dem hohen CO_2-Ausstoß kaufen und fahren.

Wenn die Bürgerinnen und Bürger aus Sorge um die Umwelt ihr Verhalten ändern würden, dann würden Politik und Wirtschaft sie in diesem Bemühen – aus jeweils unterschiedlicher Interessenlage heraus – mit Sicherheit unterstützen.

Benutzer großer Autos finden immer gute Argumente, das eigene Verhalten zu rechtfertigen. Sie können darauf hinweisen, dass die Autos umweltfreundlicher geworden seien und sie als Käufer viel zum Erhalt der Arbeitsplätze beigetragen hätten.

◉ Politisch aktiv werden

Was kann man als interessierte Bürgerin oder interessierter Bürger tun? Wer sich ein eigenes Urteil gebildet hat, muss zunächst das eigene Verhalten überprüfen und je nach Urteil Änderungen vornehmen – oder das Urteil dem eigenen Verhalten anpassen. Eine Schülerin wandte sich in einer Diskussion vehement gegen PKW. Danach befragt, ob in ihrer Familie ein Auto vorhanden sei, sagte sie: „Nein, drei. Und alle drei werden gebraucht."

Darüber hinaus kann man in Gesprächen für die eigene Position eintreten. Wie die Zeitungstexte zeigen, gibt es hier Handlungsbedarf. Nur die Liebhaber großer und schneller Autos werden vorbehaltlos BILD (➲ S. 81 f.) zustimmen; alle anderen werden Gegenargumente vorbringen.

Schließlich kann man bei Wahlen die Partei und die Politiker bevorzugen, die am überzeugendsten mit der eigenen Position übereinstimmen. Darüber hinausgehende politische Beteiligungsformen erfordern viel Zeit, Energie und Sachverstand. Normalbürgerinnen und -bürger finden sich dazu nur in Ausnahmefällen bereit. Nur wenige wenden sich an die Öffentlichkeit, um für ihre Position zu werben, oder versuchen gar eine Demonstration zu organisieren.

Noch eine Warnung! Für umweltbewusste Verkehrsteilnehmer stellen die vielen Geländewagen im Stadtverkehr wegen ihres hohen CO_2-Ausstoßes eine Provokation dar; 95,5 Prozent dieser Autos werden ganz selten oder nie im Gelände gefahren. Die Wut über diese Luftverschmutzer durch Sachbeschädigungen auszuleben, indem man z.B. mit einem Schlüssel an der Wagentür entlang kratzt, ist gefühlsmäßig vielleicht verständlich, aber undemokratisch und nicht hinnehmbar. Im Rechtsstaat greift ein Demokrat niemals zum Mittel der Gewalt.

Schlussbemerkung

Die Fragen aus dem ersten Teil dieses Handbuches und deren Anwendung im zweiten Teil sollen Ihnen die Gewissheit geben: Das kann ich auch! Mit diesen Fragen können auch Sie Politik analysieren, beurteilen und – darauf aufbauend – eine eigene politische Handlungsorientierung entwickeln.

Die Fragen zur Aufschlüsselung von Politik sind für interessierte Bürgerinnen und Bürger und nicht für Politikwissenschaftler entwickelt worden. Auch die Antworten in Teil 2 wurden einfach, leicht verständlich und kurz gehalten. Sie sollen zeigen, dass die selbstständige Beschäftigung mit Politik gar nicht so schwierig ist. Man muss im Grunde nur kritisch den politischen Teil der Zeitung lesen, Texte zu bestimmten, einen selbst interessierenden politischen Problemen und Prozessen auswählen, sie gründlich lesen, einige Schlüsselfragen stellen und beantworten und sich so sein eigenes Urteil bilden.

Natürlich ist dies anstrengend. Allein die Lektüre der hier abgedruckten, zumeist gekürzten Zeitungstexte erfordert Zeit. Andererseits gewinnt man durch das Lesen einen immer tiefer gehenden Einblick in den politischen Prozess. Mit der Verbesserung des Kenntnisstandes wächst das Interesse und man sieht mit Spannung dem Fortgang der Auseinandersetzungen entgegen.

Der zweite Teil des Bandes wollte die Anwendung der Schlüsselfragen demonstrieren und nicht in die Umweltpolitik oder in das politische System der EU einführen. Werden die Leserinnen und Leser auch auf diese Politikfelder neugierig, so ist das ein – durchaus gewünschter – Nebenerfolg.

Die Fragen wurden Anfang 2007 gestellt, nur ein paar Wochen lang wurden dazu Zeitungstexte gesammelt. Die Antworten stammen also nur aus einem sehr kurzen Zeitraum; im Grunde wurde gerade einmal ein Politikzyklus verfolgt. Es war nicht der erste Zyklus in diesem politischen Problembereich und auch nicht der letzte. Die Auseinandersetzungen um den Klimaschutz haben nicht erst 2007 begonnen. Das Umweltproblem ist seit langem bekannt. Spätestens seit den 70er Jahren des 20. Jahrhunderts ist die Öffentlichkeit über die bedrohlichen Ausmaße dieses Problems informiert. Die Politik konnte einige Entscheidungen zur Problembewältigung, besser gesagt, zur Minderung des Problems durchsetzen, doch das Problem besteht weiterhin. Sein Umfang hat eher noch zugenommen. Geblieben sind auch die politischen Auseinandersetzungen zur Förderung oder Verhinderung von Problemlösungsversuchen.

Der hier – ansatzweise – skizzierte Politikzyklus vom Januar/Februar 2007 hat bereits weitere nach sich gezogen und ist ein Glied in einer prinzipiell endlosen Kette. Aller Voraussicht nach werden die durch den Klimawandel entstandenen Probleme und der Streit um die Durchsetzung und Verhinderung von Maßnahmen zur Problemlösung über viele Jahre und Jahrzehnte lang bestehen bleiben. Wer die Politik in diesem Problembereich über einen langen Zeitraum verfolgt, wird ein weit angemesseneres Politikbewusstsein für diesen Vorgang entwickeln als hier angedeutet. Sein Urteil wird begründeter und abgewogener ausfallen als nach der Beschäftigung mit gerade einmal einem Politikzyklus.

Das Verständnis von Politik als einer prinzipiell endlosen Kette von Versuchen zur Bewältigung von Problemen ist nicht innerhalb weniger Wochen erreichbar. Dieses Politikverständnis bahnt sich erst nach Jahren permanenter Beschäftigung mit dem Vorgang, seinen Akteuren und seinem Handlungsrahmen an. Auch aus diesem Grunde erscheinen die hier gegebenen Antworten und Urteile ergänzungsbedürftig. Immerhin – ein Anfang wurde gemacht. Vielleicht finden sich die Leserinnen und Leser dazu bereit, mit dem politischen Analysieren, Beurteilen und Handeln weiterzumachen. Die selbstständige Beschäftigung mit Politik wird noch besser gelingen, wenn man sich nicht ausschließlich auf den Streit um den Klimaschutz konzentriert, sondern sich auch mit anderen politischen Prozessen wie z.B. mit der Bekämpfung der Arbeitslosigkeit, der Entwicklung in der EU und der Sicherung des Friedens beschäftigt.

Auch der Handlungsrahmen ändert sich. Für die Analyse des Vorganges im Jahr 2007 ist der Handlungsrahmen zutreffend beschrieben. Es ist zu erwarten (und zu hoffen), dass bei Erscheinen dieses Handbuches der Lissabon-Vertrag in Kraft getreten ist. Er hat die Entscheidungsverfahren und das Institutionengefüge in der Europäischen Union (EU) verändert. Aktuelle Konflikte (z.B. um den Klimaschutz) müssen innerhalb des neuen Handlungsrahmens gesehen und analysiert werden. Für die gegenwärtige und zukünftige Beschäftigung mit EU-Problemen und -Prozessen ist die Kenntnis der Bestimmungen des Lissabon-Vertrages unabdingbar.

3

Arbeitshinweise

1. Zeitungen in Deutschland (eine Auswahl) und Textformen einer Zeitung

Zeitungen in Deutschland

Zeitungstypen	Verbreitung	Charakteristika
Boulevard-Zeitungen		
z.B. BILD-Zeitung	Sehr hohe Verbreitung im Bundesgebiet	Mehr auf Unterhaltung als auf Information ausgerichtet
Regionalzeitungen		
z.B. Haller Tagblatt, Badische Zeitung Freiburg, Neue Osnabrücker Zeitung, Braunschweiger Zeitung, Magdeburger Volksstimme	Besitzen in ihrer Region oftmals eine Monopolstellung	Die Texte zur Politik sind relativ kurz gehalten und leicht verständlich. Kontroverse Standpunkte werden berücksichtigt. Die Zeitungen sind um Ausgewogenheit bemüht.
Überregionale Tages- und Wochenzeitungen		
Beispiele siehe nächste Seite	Im Vergleich zur BILD-Zeitung eine geringe Auflage	Ausführliche und anspruchsvolle Texte. Kontroverse Standpunkte werden berücksichtigt. Die Zeitungen sind um Ausgewogenheit bemüht.

Beispiele für überregionale Tages- und Wochenzeitungen

Name der Zeitung	Politisch-ideologische Ausrichtung
Die Welt	konservativ-liberal mit hanseatischem Anstrich
Frankfurter Allgemeine Zeitung	liberal-konservativ, sorgfältig recherchierte und ausführliche Berichterstattung (weltweit und über die Bundesrepublik)
Süddeutsche Zeitung	liberal
Frankfurter Rundschau	sozial-liberal
taz	engagiert sozial und umweltfreundlich
DIE ZEIT (Wochenzeitung)	Politischer Teil liberal, Wirtschaftsteil konservativ, Feuilleton kenntnisreich und mit großer Bandbreite

Textformen einer Zeitung

Textform	Erläuterung
Nachricht	Informationstext zu einem aktuellen Ereignis. Nachrichten haben immer einen logischen Aufbau. Das Wesentliche, d.h. der Kern der Nachricht, steht am Anfang. Gegen Ende findet sich das weniger Wichtige (z.B. genauere Erläuterungen oder für das Verständnis hilfreiche Hintergrundinformationen). Dieser hierarchische Aufbau bietet entscheidende Vorteile: Leserinnen und Leser, die wenig Zeit haben, erkennen das Wesentliche auf einen Blick.
Bericht	Der Bericht ist die Langform einer Nachricht.

Textform	Erläuterung
Reportage	Lebendiger Bericht unmittelbar vom Ort des Geschehens (z.B. von einem Parteitag, von einer großen Rede, von einer Bundestagsdebatte). Sozialreportagen berichten von den Lebensbedingungen der Menschen (z.B. Bericht über eine Familie, die von Hartz IV lebt).
Kommentar	Der Kommentar bezieht sich auf eine Nachricht. Die Autorin bzw. der Autor des Kommentars geben in meinungsbildender Absicht ihre Stellungnahme zu der aktuellen Nachricht ab.
Leitartikel	Meinungsbildender Text, häufig auf Seite 1; verfasst von den wichtigen Redakteurinnen und Redakteuren einer Zeitung.

◉ Ein Beispiel (BILD-Kommentar)

Bitte keine Umwelt-Hysterie!

Von Hans-Olaf Henkel

Auf unseren Umweltschutz können wir stolz sein: Deutsche Flüsse sind heute sauberer als vor 30 Jahren. Wir haben die perfekteste Mülltrennung, unsere Umwelttechnik ist weltweit begehrt!

Keine Frage: Der Klimawandel erfordert weitere ernsthafte Anstrengungen.

Aber es scheint, als suchten einige Politiker vor allem ein neues Feld, wo sie sich profilieren können. Ob Fahrverbot, Tempolimit oder der unsinnige Vorschlag, auf Urlaubsflugreisen zu verzichten – es wird derzeit viel heiße Berliner Luft produziert!

Auf das Nächstliegende kommen unsere Politiker nicht – oder sie wollen nicht darauf kommen. Zum Beispiel: Warum lässt man nicht die sichersten (deutschen) Kernkraftwerke der Welt länger laufen?
Diese vermeiden heute schon mehr CO_2, als es alle „gut gemeinten" Vorschläge zusammen auf lange Zeit vermögen!
Politiker, die die Menschen mit überzogenen Forderungen beim Umweltschutz verschrecken, bewirken nur das Gegenteil!
Wer so viel für den Umweltschutz tut, wie die Deutschen, darf auch ohne schlechtes Gewissen mal nach Mallorca fliegen!

▸ BILD, Bundesausgabe, 5.3.2007, S. 1 f.

Wer den Kommentar aus der BILD-Zeitung genauer untersucht, wird sich schwer tun, die von Hans-Olaf Henkel angeführten Argumente zur eigenen Urteilsbildung zu benutzen. Wer allerdings arglos die BILD-Zeitung liest, bildet sich kein eigenes Urteil, sondern übernimmt, ohne es zu merken, eine Position, die er von sich aus vielleicht so nicht vertreten würde.

Der Manager Hans-Olaf Henkel war von 1995 bis 2001 Präsident des Bundesverbandes der Deutschen Industrie (lt. Suchmaschine „Google"). Als streitbarer Gast von Fernseh-Talkshows ist er einer breiteren Öffentlichkeit bekannt. Bei diesem Autor kann man davon ausgehen, dass er Stellung im Interesse der Wirtschaft bezieht.

Der Kommentar ist eine Meisterleistung der Verführung. Henkel will die Leser nicht bei der eigenen Meinungsbildung unterstützen, sondern ihnen seine Sichtweise unterschwellig nahe bringen. Dabei appelliert er an den Stolz der BILD-Leserinnen und -Leser und die natürliche Abneigung des Menschen gegen Veränderungen. Wenn alles gut ist, wünschen doch Hans-Olaf Henkel und seine Leserinnen und Leser, dass alles so bleibt, wie es ist – und alles bleibt gut. Ausgeblendet werden dabei Klimaentwicklung und Umweltzerstörungen.

Wer für die Reduktion des CO_2-Ausstoßes eintritt, reagiert laut BILD-Kommentar hysterisch. Die Politiker, die dafür sind, wollen sich nur profilieren. BILD-Leserinnen und -Leser wissen, dass Deutschland in Sachen Umweltschutz ein Vorbild ist. Wir können daher alles so lassen, wie es ist. Sollen doch mal erst die anderen ran.

Dann übertrifft sich Henkel selber. Er nutzt die aktuelle Diskussion, um für eine längere Laufzeit von Kernkraftwerken zu werben und gegen einen Beschluss der Großen Koalition unter Bundeskanzlerin Angela Merkel vorzugehen.

2. Zielgerichtetes Lesen, Markieren und Bearbeiten eines Textes

Verschiedene Arbeitstechniken erleichtern die genaue Erfassung eines (Zeitungs-)Textes:

1. Einen Text sollten Sie zuerst im Zusammenhang sorgfältig lesen.
2. Danach sollten Sie unbekannte Begriffe klären. Zur Klärung unbekannter Begriffe und für die Recherche bietet sich das Internet an (➲ Arbeitshinweis 5, S. 118 ff.).
3. Sie sollten sich klarmachen, woher der Text stammt (mit welcher politisch-ideologischen Ausrichtung) und um welche Textform es sich handelt (➲ S. 101 f.). Denken Sie über die Autorin/den Autor nach, wenn sie/er Ihnen bekannt ist.
4. Den ersten Zugang erleichtert die Überschrift. Sie enthält eine Zusammenfassung des Textes oder eine wichtige Aussage als Botschaft. Unterüberschriften deuten häufig eine Gliederung des Textes an.
5. Nun beginnt das zielgerichtete Lesen. Dazu gehört eine Aufgabenstellung, die entweder vorgegeben ist oder von Ihnen selbst entwickelt wurde.
6. Mit Unterstreichungen oder farbigen Markierungen kann man für die Aufgabenstellung wichtige Textstellen hervor-

heben. Als Regel gilt, dass man nicht zeilenweise Sätze unterstreicht, sondern nur die wichtigsten Gesichtspunkte und/oder zentralen Begriffe markiert. Mit Unterstreichungen und Markierungen sollte man sparsam umgehen.

7. Markierungen am Rande und Randkommentare erleichtern den Überblick. Ziel ist es, für die Aufgabenstellung die Hauptthesen und Schlüsselbegriffe im Text zu erfassen.
8. Nun beginnt die eigentliche Bearbeitung der Aufgaben anhand des Textes. Dabei ist auf den Textbezug zu achten. Die Aussagen, die aus dem Text gewonnen werden, sollen mit der genauen Zeilenangabe belegt werden.
9. Die Aussagen des Textes haben Vorrang vor Ihrer Meinungsbildung. Erst wenn sie aus dem Text herausgearbeitet worden sind, können Sie dazu Stellung nehmen. Wenn nach dem eigenen Urteil nicht gefragt wird, sollte man mit Meinungsäußerungen sparsam umgehen oder ganz darauf verzichten.
10. Die Aufgabenstellung zum Text enthält wichtige „Botschaften" für den Bearbeiter. Oft gibt sie eine Gliederung für die Bearbeitung vor.

Randmarkierungen und Randkommentare

Randmarkierungen	Markierungen im Text	Randkommentare
/ wichtig	Unterstreichen	Th (These)
// sehr wichtig	Farbige Leucht-marker	Arg (Argument)
! erstaunlich	Einkreisen	Def (Definition)
? fragwürdig	Einkasteln	Log? (Logik – Widersprüche)
+ gut		Bsp (Beispiel/e)
- schlecht		Vgl (Vergleich)
		vgl S. (Querverweis)

3. Hinweise zum Umgang mit Statistiken und Schaubildern

Unter Statistiken versteht man eine geordnete Menge von Informationen in Form von Zahlenwerten. Diese Zahlenwerte sind entweder in einer Tabelle angeordnet oder in Diagramme, Grafiken bzw. Schaubilder umgesetzt. Wenn Zahlenwerte nach wissenschaftlichen

Mandatsverteilung Lantagswahl 2005

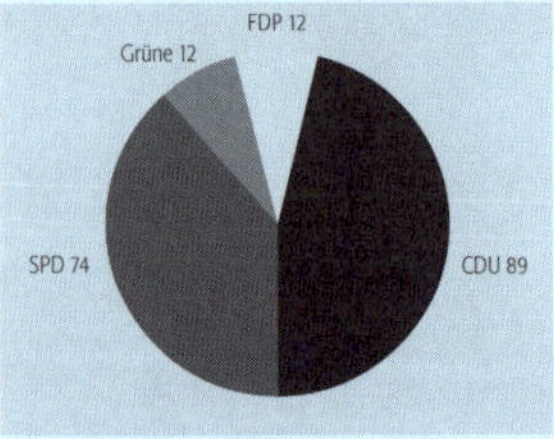

Quelle: Korte/Florack/Grunden 2006: 333.

Welche Partei kann am Besten neue Arbeitsplätze schaffen? 2005

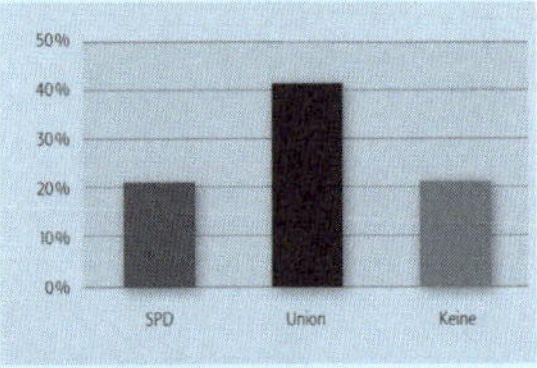

In Prozent. © Wochenschau Verlag.
Quelle: Forschungsgruppe Wahlen: Umfrage vor der Wahl 09/05.

Lieber als Bundeskanzler... (2005)

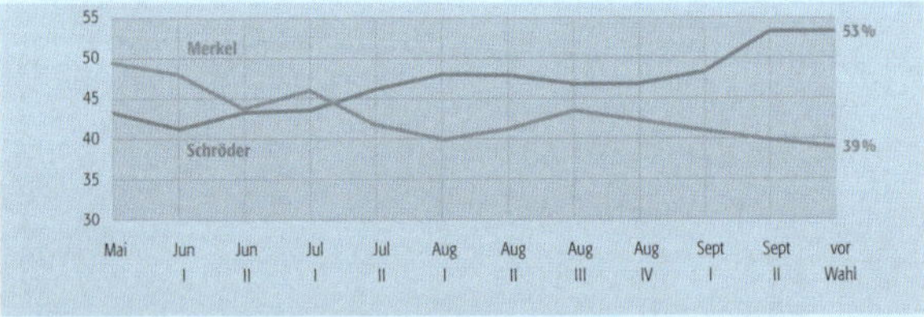

Quelle: Forschungsgruppe Wahlen: Politbarometer und Umfrage Woche vor der BTW 09/05

Methoden ermittelt werden, haben sie den Vorteil, dass sie exakt und vergleichbar sind. Trotzdem ist bei der Interpretation von Statistiken Vorsicht geboten!

Beim Umgang mit Schaubildern haben sich folgende Arbeitsschritte bewährt:

1. Verschaffen Sie sich zunächst einen Überblick über den Aufbau der Tabelle bzw. des Diagramms. Klären Sie Begriffe und Abkürzungen (z.B. BIP, BSP).
2. Die Tabellenüberschrift kann eine erste Hilfe bei der Auswertung sein.
3. Werden absolute Zahlen (die uneingeschränkt Mengen und Häufigkeiten angeben) oder relative Zahlen (die einen Zusammenhang zwischen einem Zahlenwert und einer anderen Größe herstellen) verwendet? Oder handelt es sich um Indexzahlen, bei denen ein bestimmtes Jahr – das so genannte Basisjahr – als 100 gesetzt wird und die anderen Jahre sich darauf beziehen?
4. Lassen sich aufgrund der Zahlen Beziehungen, Verläufe und (zeitliche) Entwicklungen formulieren?
5. Wichtig für die Glaubwürdigkeit ist auch, woher die Statistik stammt (Quellenangabe).
6. Prüfen Sie die Aktualität der Tabelle bzw. des Diagramms.

Schaubilder veranschaulichen Zusammenhänge grafisch und reduzieren aus Gründen der Anschaulichkeit den Inhalt auf das Wesentliche. Manche Schaubilder sind mit einem erläuternden Text versehen. Trotzdem ist es nicht immer leicht, sich in der Vielfalt von Formen, Farben und Linien zurechtzufinden. Genaues Hinsehen und drei gedankliche Schritte helfen beim Verständnis:

1. Erfassen Sie zunächst alle Textinformationen.
2. Nehmen Sie sich systematisch die Kleinigkeiten vor:
   - Was bedeutet ein Pfeil?
   - Welche Beziehungen stellen die Pfeile dar?
   - In welche Richtung verlaufen die Pfeile?
   - Aus welcher Richtung kommen die Pfeile?
   - Muss man das Schaubild von unten nach oben oder umgekehrt lesen?
   - Welche Bedeutung haben die verschiedenen Formen und/oder Symbole?
3. In einem dritten und letzten Schritt können Sie sich an die Interpretation des Schaubildes machen. Stellen Sie dazu die herausgearbeiteten Angaben in einen Zusammenhang zum Thema bzw. zur Aufgabenstellung.

◉ Ein Beispiel

Beim Umgang mit Zahlen ist stets Vorsicht geboten! Frei nach Winston Churchill nutzen die Zahlenangaben dem Autor so viel wie eine Laterne einem Betrunkenen. Sie dienen mehr der Stützung (der eigenen Argumentation) als der Erhellung.

Am 11. Februar 2007 erschienen in der Frankfurter Allgemeinen Sonntagszeitung auf Seite 46 zwei Diagramme:

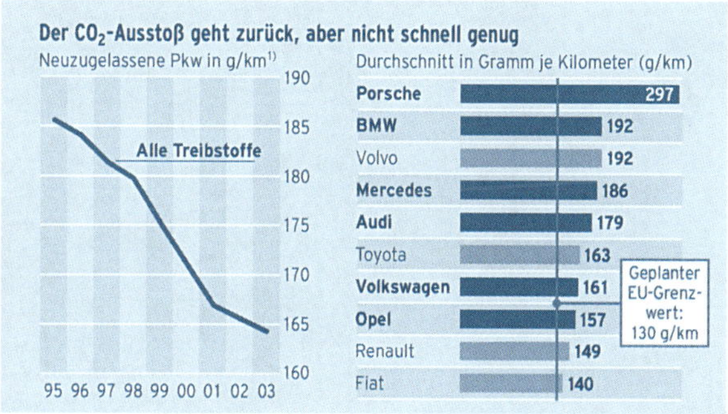

Zur Erklärung stand darunter: Europäische Union (EU-15); Quelle: Europäische Umweltagentur; FAZ-Grafik Walter.

Die beiden Diagramme sagen aus: Die PKW großer europäischer Automobilfirmen haben den CO_2-Ausstoß von 1995 bis 2003 erheblich reduziert. Die PKW überschreiten aber immer noch erheblich den geplanten EU-Grenzwert. Besonders trifft dies auf die PKW deutscher Automobilfirmen (Porsche, BMW, Mercedes, Audi, Volkswagen, Opel) zu. Auch wenn Angaben fehlen, kann angenommen werden, dass beide Diagramme nicht über 2003 hinaus Gültigkeit besitzen. Im Februar 2007 sind diese Angaben mit hoher Wahrscheinlichkeit überholt.

Dennoch kann aus den gefundenen Angaben ein Konflikt herausgearbeitet werden. Die EU will den Ausstoß an klimaschädlichem Kohlendioxid drastisch reduzieren. Die europäischen und insbesondere die deutschen Automobilfirmen haben den Ausstoß gesenkt; von dem vorgegebenen Richtwert sind sie aber noch weit entfernt. Die EU wird ihren Richtwert durchzusetzen versuchen. Die Automobilindustrie wird die Einführung des Grenzwertes von 130 g/km verhindern wollen oder möglichst weit hinausschieben.

4. Hinweise zur Arbeit mit Karikaturen

Karikaturisten beobachten kritisch das gesellschaftliche und politische Geschehen. Auf ironische oder satirische Weise visualisieren sie in ihren Karikaturen soziale Probleme und aktuelle politische Konflikte. Karikaturen zu politischen Auseinandersetzungen veralten rasch. Im Gegensatz dazu behalten Karikaturen zu Problemen oftmals bis zu deren Lösung ihre Aktualität. Karikaturisten zeichnen herausfordernd einseitig und parteilich. Fast immer übertreiben sie. Die große Kunst einer Karikatur besteht für den Zeichner darin, den abstrakten Inhalt zu personalisieren oder scheinbar zu konkretisieren und so den Betrachtern zugänglich zu machen.

Eine Karikatur zeigt Politiker durch Hervorhebung besonderer Merkmale zumeist ironisch verfremdet. Die Leserinnen und Leser freuen sich über das Aussehen und die zugespitzten Aussagen. Beim ersten Ansehen muss man lachen. Setzt man sich mit dem Inhalt aber näher auseinander, dann merkt man, dass das Verständnis einer Karikatur gar nicht so einfach ist. Die Botschaft präzise zu erfassen, fällt schwer.

Noch mehr gilt dies für Karikaturen, die Probleme thematisieren. Sie enthalten konkrete Personen in alltäglicher Umgebung. Der Vorgang, den die Karikatur darstellt, ist einem vertraut. Er steht aber für ein abstraktes, zumeist recht komplexes Problem. Die Darstellung macht den Zugang zunächst einfach. Man muss lachen. Wenn man aber erklären soll, warum man lacht, dann merkt man, wie mühsam die Deutung ist. Auch für die Interpretation einer Karikatur hat sich eine Abfolge bewährt.

1. Zunächst benennt man mit Hilfe der Überschrift und des Textes unter der Karikatur den Anlass und den Themenzusammenhang.
2. Danach beschreibt man kurz, was in der Karikatur zu sehen ist. Diese Aufgabe erscheint einfach und überflüssig. Sie ist aber notwendig, weil nur so garantiert ist, dass nichts Wichtiges übersehen wird.
3. Akteure und Gegenstände einer Karikatur werden von Karikaturisten gern auf Symbole reduziert oder symbolhaft verdichtet. Nach der Beschreibung wird erklärt, für was die Symbole stehen.
4. Erst danach wird der Sachverhalt (soziales oder politisches Problem/Konflikt) abstrakt, aber in der übertriebenen, einseitigen und parteilich verzerrten Sichtweise des Karikaturisten genannt.
5. So vorbereitet, kann die Betrachterin bzw. der Betrachter zu der Sichtweise des Karikaturisten Stellung nehmen. Die übertriebene, einseitige und provozierend verzerrte Aussage weckt das eigene politische Bewusstsein und fordert zu einem abgewogenen Urteil heraus.

Mögliche Fragen zur Analyse von Karikaturen

⦿ Was?	• Was ist zu sehen? • Welches Thema/Problem ist zu sehen? • Welche handelnden Personen sind dargestellt?
⦿ Wie?	• Welche Auffälligkeiten gibt es? • Wie werden Personen dargestellt? • Welche Stilmittel verwendet die Karikatur?

◉ Wer?	• Wer hat die Karikatur gezeichnet? • In wessen Auftrag? • Was ist über den Karikaturisten und ggf. den Auftraggeber bekannt?
◉ Wann?	• Wann ist die Karikatur entstanden? • Was wissen Sie über diese Zeit?
◉ Warum?	• Was will der Karikaturist erreichen? • Wer oder was wird thematisiert? • Warum wird gerade dies thematisiert?
◉ Wirkung?	• Welche Gefühle löst die Karikatur bei Ihnen aus? • Wir wirkt sie wohl auf Betroffene? • Wir wirkt sie wohl auf die Betrachtenden?

▸ Nach: Herbert Uppendahl (1978): Die Karikatur im historisch-politischen Unterricht. Freiburg/Würzburg, S. 47 f.

◉ Ein Beispiel (➲ Teil II, S. 69):

„So leben wir, so leben wir, so leben wir alle Tage ..."

Eine Überschrift fehlt. Der alte Liedtext aus dem „Dessauer Marsch" hilft zunächst auch nicht, den Zusammenhang, in dem die Karikatur steht, zu benennen.

Daher muss die Interpretation der Karikatur mit der Beschreibung beginnen. Drei fröhliche Matrosen treiben auf einem Floß im Ozean. Die Sonne geht unter. Das Floß wird immer kleiner und damit seeuntüchtiger, da die Matrosen das Floß Stück um Stück verfeuern. Der Betrachter weiß: Wenn die Matrosen so weitermachen, wird das Floß – und mit ihm sie selbst – sehr bald untergehen. Doch das scheint ihrer Heiterkeit keinen Abbruch zu tun. Fröhlich singen sie: „So leben wir, so leben wir, so leben wir alle Tage ...". Offenkundig ist ihnen die Gefahr gar nicht bewusst, in der sie sich befinden. Der Leser aber besitzt die Gewissheit: So werden sie garantiert nicht alle Tage weiterleben. Bald wird es ein böses Erwachen geben und dann ist es zu spät.

Die Matrosen stehen stellvertretend für die Menschen auf dieser Erde. Sorglos verbrauchen wir die zum Überleben notwendigen Ressourcen. Wir stehen kurz vor dem Untergang, leben und verbrauchen aber fröhlich weiter, als ob es keine Gefahren gäbe.

Zustimmende Stellungnahme zu der Karikatur

Das grenzenlos dumme Verhalten der Matrosen macht mich auf mein eigenes, sorgloses Verhalten aufmerksam. Auch wenn es weh tut und den Abschied von vielen lieb gewonnen Gewohnheiten – wie z.B. dem Fahren von großen Pkw – notwendig macht, muss ich mein Leben ändern. Wir alle müssen unser Verhalten ändern, wenn wir nicht schon in naher Zukunft untergehen wollen.

Ablehnende Stellungnahme

Wir verhalten uns nicht so dumm wie die Matrosen. Wir befinden uns im sicheren Hafen und können gar nicht untergehen, weil wir etwas für die Umwelt tun. Unser Überleben ist gesichert.

5. Recherchieren im Internet

Wer sich mit Politik beschäftigt, benötigt Zusatzinformationen. Dank des Internets kann man sich heute leicht rasch und umfassend informieren. Doch gerade im Internet können auch zeitaufwändige und wenig zielgerichtete Irrwege beschritten werden.

An sich ist die Durchführung einer Suchaufgabe einfach. Man gibt den Namen der Person oder der Institution, über die man etwas erfahren will, bei einer gängigen Suchmaschine (z.B. Google) ein und erhält sofort reichhaltig Auskunft. Man wird mit Mitteilungen förmlich überschwemmt. Wichtiges von Unwichtigem zu trennen, ist schwierig. Eine klare Fragestellung hilft dabei weiter: Man nimmt von der Informationsflut nur das zur Kenntnis, was einem bei der Beantwortung dieser Frage weiterhilft.

Texte aus dem Internet dürfen nicht unkritisch übernommen werden. Personen, Institutionen und Organisationen (Parteien, Verbände, NGOs, Bürgerinitiativen) nutzen das Internet zur Selbstdarstellung und Eigenwerbung. Sie versuchen, die Benutzer für die Übernahme der eigenen Sichtweise zu gewinnen. Skepsis und Distanz sind daher angebracht.

Bei einer Internet-Recherche helfen die folgenden Fragen weiter:

- Wie viel Zeit möchte ich für die Recherche aufwenden?
- Worüber genau möchte ich Auskunft erhalten?
- Mit welchen Namen und Begriffen grenze ich den Suchauftrag im Internet ein?
- Finde ich auf meine Untersuchungsfrage eine Antwort?
- Kann ich die Antwort kurz und verständlich (schriftlich) zusammenfassen?

- Wie seriös ist die Quelle, über die ich Informationen beziehe?
- Enthält die Seite wichtige, fachlich relevante Informationen?
- Sind die Informationen sachlich korrekt und präzise?
- Sind die Informationen aktuell? Ist ein Aktualisierungsdatum eingetragen?
- Ist die Strukturierung der Inhalte transparent, logisch und der Sache angemessen?
- Sind Informationen über den Anbieter gegeben? Wer, welche Einrichtung zeichnet für die Seite verantwortlich?
- Werden Quellen und Zitate korrekt angegeben?
- Welche Absichten werden mit dem gefundenen Text verfolgt? Soll ich beeinflusst werden?

◉ Ein Beispiel

Die Beschäftigung mit der Karikatur „Lustige Matrosen verbrennen ihr Floß" (➲ S. 69 und 116) macht neugierig auf den Karikaturisten. Von wann stammt die Karikatur? Welcher politischen Ausrichtung kann der Zeichner zugeordnet werden?
Am linken unteren Bildrand steht der Name „Wolter". Die Vermutung liegt nahe, dass dies der Nachname des Karikaturisten sein dürfte. Nimmt man nun noch die Berufsbezeichnung „Karikaturist" hinzu, hat man zwei brauchbare Suchbegriffe. Auf die Eingabe von „Wolter + Karikaturist" erhält man bei der Suchmaschine Google in wenigen Sekunden ca. 20.000 Ergebnisse. Einer der ersten Links verweist auf die Karikaturengalerie der Stiftung Haus der Geschichte der Bundesrepublik Deutschland. Dort finden Sie folgende Angaben:

Jupp Wolter

1917	in Bonn geboren
	kaufmännische Ausbildung
1937	kaufmännischer Angestellter
1939	Werbeleiter eines Teppichversandhandels
1939-1945	Soldat
1945-1947	Kabarettist und Mitarbeit bei der Zeitung „General-Anzeiger" (Bonn)
nach 1948	Freischaffender Karikaturist und ständiger Mitarbeiter der Gewerkschaftszeitungen „Der Bund" und „Welt der Arbeit" sowie der Tageszeitungen „Bonner Rundschau", „Neue Osnabrücker Zeitung", „Stuttgarter Nachrichten" und der Wochenzeitschrift „Deutsches Allgemeines Sonntagsblatt"
1993	in Lohmar gestorben
Auszeichnungen	Thomas-Nast-Medaille (1980)

Die Quelle ist seriös. Das Haus der Geschichte in Bonn hat einen guten Ruf. Wissenschaftler von hohem Niveau arbeiten für dieses Museum, das vom Bund finanziert wird. Was kann diesen Angaben entnommen werden?

Jupp Wolter hat als Karikaturist einen Namen. Dafür spricht auch die Auszeichnung aus dem Jahr 1980.

Der Karikaturist arbeitete für Zeitungen mit unterschiedlichen politischen Ausrichtungen. Es fällt auf, dass er auch für Gewerkschaftszeitungen gearbeitet hat. Danach kann bei Wolter eine soziale und liberale Tendenz oder, besser gesagt, keine einseitig wirtschaftsfreundliche Haltung vermutet werden.

Jupp Wolter ist 1993 gestorben. Die Karikatur wurde also vor 1993 gezeichnet. Dass sie heute noch Gültigkeit besitzt und verwendet werden kann, zeigt nicht nur die Größe des Problems, sondern auch das Können des Karikaturisten.

6. Literaturempfehlungen

Das politische System der Bundesrepublik Deutschland

Grundgesetz für die Bundesrepublik Deutschland. Bonn (Bundeszentrale für politische Bildung)

Ackermann, Paul (2004): Bürgerhandbuch. Basisinformationen und 66 Tipps zum Tun. 3. Auflage. Schwalbach/Ts.

Breit, Gotthard/Schiele, Siegfried (2008): Vorsicht Politik. Schwalbach/Ts.

Massing, Peter/Weißeno, Georg (Hrsg.) (1997): Politische Urteilsbildung. Aufgabe und Wege für den Politikunterricht. Schwalbach/Ts.

Pötzsch, Horst (2005): Die deutsche Demokratie. 4. Auflage. Bonn (Bundeszentrale für politische Bildung)

Klimawandel und Klimapolitik/EU

Die Europäische Union (2007): Wochenschau-Themenheft, Sek. I. Schwalbach/Ts.

Dow, Kirstin/Downing, Thomas E. (2007): Weltatlas des Klimawandels. Karten und Fakten zur globalen Erwärmung. Hamburg

EU I: Institutionen und Politik (2009): Wochenschau-Themenheft, Sek. II. Schwalbach/Ts.

Klimawandel (2008): Wochenschau-Themenheft, Sek. I. Schwalbach/Ts.

Kolbert, Elizabeth (2006): Vor uns die Sintflut. Depeschen von der Klimafront. Berlin

Abbildungsnachweis

Fotos

Wochenschau Verlag: S. 8
dpa Picture-Alliance GmbH: S. 12, 27, 33, 46, 52, 92
5AM Images – Fotolia.com: S. 14
Imago: S. 22

Karikaturen

Burkhard Mohr: S. 41
Jupp Wolter (Künstler), Haus der Geschichte, Bonn: S. 69, 80, 116
Greser & Lenz (Achim Greser, Heribert Lenz): S. 85
Thomas Plassmann: S. 88, 93
Kurt Halbritter: S. 90

Grafiken/Schaubilder

dpa Picture-Alliance GmbH: S. 55, 60, 61, 63, 76
Wochenschau Verlag: S. 108
F.A.Z.-Grafik Walter: S. 111

Fragen zur politischen Urteilsbildung

Grundmodell der politischen Urteilsbildung	
spontanes Urteil	◉ Wie beurteile ich eine politische Entscheidung bzw. einen dafür verantwortlichen Politiker/eine dafür verantwortliche Politikerin spontan „aus dem Bauch heraus“?
eigenes Interesse	◉ Entspricht die politische Entscheidung meinem persönlichen Interesse? ◉ Handelt der Politiker/die Politikerin im Sinne meiner Interessen?
Überprüfung des Urteils	◉ Ist mein Urteil mit den Menschen- und Bürgerrechten des Grundgesetzes bzw. mit dem Völkerrecht vereinbar?

Erweitertes Modell der politischen Urteilsbildung	
Effizienz	◉ Ist die Problemlösung geeignet, um das angestrebte Ziel zu erreichen? ◉ Rechtfertigt das Ziel die angewandten Mittel? Stehen die Kosten in einem vertretbaren Verhältnis zum angestrebten Nutzen?
Legitimität	◉ Entspricht die Entscheidung bzw. das Verhalten des Politikers den Werten, die mir wichtig sind?

Erweitertes Modell der politischen Urteilsbildung	
a) Orientierung an Werten	◉ Wird Gewalt vermieden? ◉ Dient die Entscheidung dem Schutz der natürlichen Lebensgrundlagen? ◉ Wird meine freie Entfaltungsmöglichkeit bewahrt oder eingeschränkt? ◉ Ist der Entscheidungsprozess für die Öffentlichkeit zugänglich und kontrollierbar? ◉ Werden alle vor dem Gesetz/vor Gericht gleich behandelt oder werden einige bevorzugt? ◉ Besitzen alle Bürgerinnen und Bürger die gleiche Möglichkeit zur politischen Beteiligung? ◉ Dient die Entscheidung der sozialen Gerechtigkeit und der sozialen Sicherheit?
b) Orientierung am Prinzip der Verallgemeinerbarkeit	◉ Würde ich auch als Betroffener der Entscheidung zustimmen können?
Verantwortbarkeit der vorhersehbaren Folgen	◉ Sind die vorhersehbaren Folgen einer Entscheidung verantwortbar? ◉ Werden bei der Entscheidung die Wertebindung und die voraussehbaren Folgen beachtet?
Feststellung des Gesamturteils	◉ Zu welchem Gesamturteil gelange ich, wenn ich alle Teilurteile gegeneinander abwäge und zusammenfasse?

Notizen